Self-publishing en mercados de pod extranjeros

While every precaution has been taken in the preparation of this book, the publisher assumes no responsibility for errors or omissions, or for damages resulting from the use of the information contained herein.

SELF-PUBLISHING EN MERCADOS DE POD EXTRANJEROS

First edition. April 12, 2024.

ISBN: 979-8224131587

Written by Yeong Hwan Choi.

publicar◇2024-

autor◇Yeong hwan Choi

Editor◇Han Geon-hee

Lugar de publicacion◇Bukk Co., Ltd.

Registro de editor◇2014.07.15 (Nº 2014-16)

DIRECCIÓN◇Sala 305, Edificio A, 119 Gasan Digital 1-ro, Geumcheon-gu, Seúl

llamada telefónica◇ 1670 - 8316

correo electrónico◇info@bookk.co.kr

ISBN◇

www.bookk.co.kr

◇Cómo Self-publishing en mercados de pod extranjeros

Self-publishing en mercados de pod extranjeros

Escrito por Yeong hwan Choi

CONTENIDO

introducción

1 pagina. Estado actual del mercado de libros electrónicos (introducción al método POD)

Capitulo 2. Actores clave del mercado y panorama competitivo.

Capítulo 3. Preparación para la distribución de libros electrónicos en el extranjero.

Capítulo 4. Cómo construir una red de distribución basada en el establecimiento de una estrategia de marketing en el extranjero.

Capítulo 5. Establecimiento de una red de distribución en el extranjero (selección de plataforma y regalías)

Capítulo 6. Historias de éxito y perspectivas de futuro

finalmente

introducción

Creé un libro electrónico y registré un ISBN, pero venderlo sólo en Corea no es apropiado para la era global. Así lo afirmó recientemente el director general de la editorial. El mercado de libros electrónicos, que actualmente se vende sólo a nivel nacional, tiene limitaciones. Entonces, el método que propongo es producir primero una versión en inglés utilizando contenido que haya sido verificado por lectores coreanos. Luego, se traduce a idiomas de todo el mundo y se vende en las principales librerías y mercados online de cada país. De esta manera, naturalmente podrá estar expuesto a lectores de diversas regiones y contribuir aún más a generar ganancias.

Incluso si no tiene un ISBN, puede obtenerlo fácilmente en una biblioteca de cada país en el extranjero y el proceso se completa más rápido que en Corea. Además, las plataformas internacionales tienen cuotas de ISBN muy grandes, por lo que en algunos lugares se entrega de inmediato.

Distribuir ampliamente libros electrónicos en todo el mundo no es simplemente una forma de garantizar ganancias, sino una forma de darse a conocer al estar expuesto a más regiones. Este libro fue escrito teniendo en cuenta la falta de información en Corea sobre los métodos de distribución en el extranjero. Para aquellos que quieran vender libros electrónicos de forma constante sólo en Corea, este contenido puede no ser muy necesario.

Vender a través de Internet es fácil porque cualquiera puede utilizar la plataforma internacional a través del comercio electrónico y los negocios POD y conectarse al sistema financiero internacional. Por supuesto, está la cuestión de los impuestos, pero no es un problema en absoluto en la eurozona, América del Norte y Japón. Actualmente, el resto de mercados emergentes (India, Sudamérica, Rusia, China) se enfrentan a la molestia de tener que presentar declaraciones de impuestos o enviar documentos por correo electrónico, pero creo que esto se podrá solucionar con PayPal y Payoneer en el futuro. Cuando buscas tu libro en Google, aparece innumerables veces y ¿no se te emociona el corazón cuando piensas que alguien en todo el mundo está comprando tu libro? Los libros electrónicos publicados en sitios como Kmong, Wadiz y Tumblbug (libros destinados a ganar dinero aprovechando la psicología del cliente o el marketing) son buenos, pero si tienen un alto valor literario y has puesto mucho esfuerzo en crear tu propio contenido, se pueden distribuir en el extranjero. Hagámoslo.

Puede ahorrar mucho tiempo simplemente leyendo este libro porque analizamos más de 100 plataformas en todo el mundo y analizamos el alcance de distribución gratuito/pago, las plataformas donde se produce el rechazo según el contenido (difícil de revisar), cuestiones fiscales, etc. Ahora es el momento de ganar divisas.

Capítulo 1. Estado actual del mercado del libro electrónico

(Introducción al POD)

Análisis del mercado coreano.

A partir de 2022, el mercado coreano de libros electrónicos mostrará un crecimiento constante. Este es el resultado de factores como la expansión de los dispositivos electrónicos portátiles, la mejora del entorno de uso de contenidos digitales y la transformación digital de la industria editorial.

Las principales plataformas de libros electrónicos de Corea ofrecen una variedad de libros en el país y en el extranjero, y están atrayendo la atención de los lectores a través de servicios de suscripción y eventos de descuento. Además, también es una ventaja la comodidad de poder descargar y leer fácilmente libros electrónicos a través de un lector de libros electrónicos y una aplicación para teléfonos inteligentes.

El entorno de uso de contenidos digitales continúa desarrollándose, y el interés y la inversión en la publicación de libros electrónicos continúa en la industria editorial. Y ha llegado la era en la que las personas pueden publicar no sólo libros electrónicos sino también libros en papel utilizando el método POD. Como hay gente que no sabe sobre POD, lo explicaré brevemente. El método POD (Publish On Demand) es un método de impresión y entrega de libros según pedidos, y es un método que aprovecha el contenido digital al tiempo que proporciona libros en formato físico. En cuanto a la cuota de mercado del mercado POD de Corea, creo que Bukq está consolidando su primer lugar tras 10 años de actividad. Los libros en papel tenían cuatro estructuras de distribución externa (Librería Kyobo, Booksen, Aladdin y Yes24). Entonces, cuando llega un pedido en línea desde una gran plataforma externa, tres empresas, excepto Kyobo, que tiene su propio POD, solicitan y venden libros en papel de Bookuk. Sin embargo, dado que todavía no existe una estructura de distribución para libros electrónicos, sólo se pueden crear libros electrónicos internos en formato PDF. Esto puede interpretarse como una situación en la que es difícil alcanzar la cuota de mercado de las plataformas de libros electrónicos que han comenzado a avanzar en Corea.

북센 서점 판매 및 유통신청

도서정보		저자정보	
도서번호	226827	저자명	최영환
표지	당신문 공부합니다		
구분	종이도서		
카테고리	기타		

신청	2024.03.27	최종	2024.03.27

도서가 정상적으로 부크크 서점 입점 승인되어, 북센 외부유통 판매신청이 정상적으로 제출되었습니다. 실사일까지 신청일로부터 최장 1개월 소요될 수 있습니다.(유통사별 각각 소요시간은 다를 수 있습니다.)

제출취소

교보문고 서점 판매 및 유통신청

도서정보		저자정보	
도서번호	226827	저자명	최영환
표지	당신문 공부합니다		
구분	종이도서		
카테고리	기타		

신청	2024.03.27	최종	2024.03.27

도서가 정상적으로 부크크 서점 입점 승인되어, 교보문고 외부유통 판매신청이 정상적으로 제출되었습니다. 실사일까지 신청일로부터 최장 1개월 소요될 수 있습니다.(유통사별 각각 소요시간은 다를 수 있습니다.)

제출취소

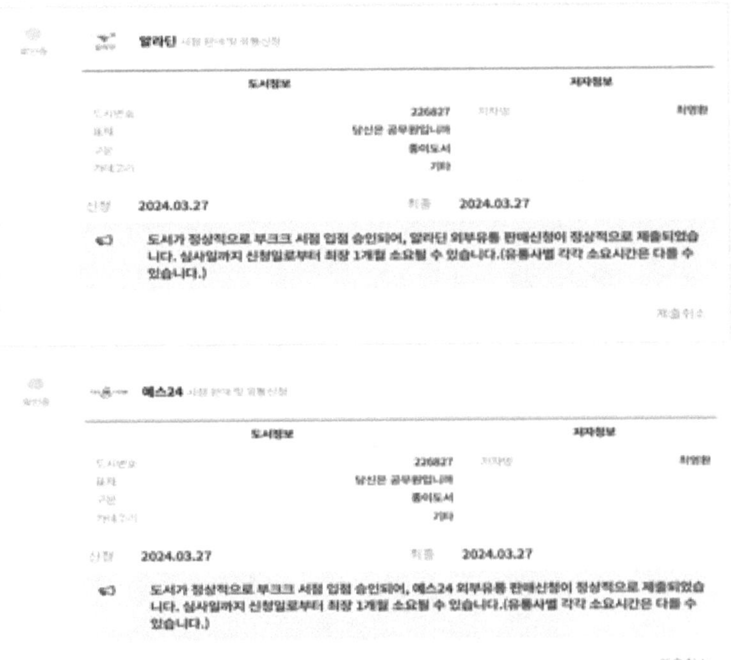

Foto solicitada para distribución externa por Bookuk

Por otro lado, U-Paper es una empresa enfocada en libros electrónicos, distribuyéndolos a través de formato PDF y formato e-pub, que se mencionarán en el futuro, como Millie's Library, Reading Rock, Bookcube y Ridibooks.

도서명 : ESFJ를 만나러 공무원 퇴사한 INTP

제휴사 구분	수익 배분	판매 신청일	제휴사 관리
유페이퍼	70% 지급	2023년 05월 16일	판매중
[illegible]	B2C 60% 지급, B2B 40%지급, B2B2C 40%지급	2023년 05월 16일	제휴사 재전송
알라딘	B2C 60% 지급, B2B 40%지급, B2B2C 40%지급	2023년 05월 16일	제휴사 재전송
교보문고	B2C 60% 지급, SAM 50%지급, B2B B2B2C 40%지급(대여는 월가 1/25의 40%)	2023년 05월 16일	제휴사 재전송
[illegible]	B2C 60% 지급, B2B 50%	2023년 05월 16일	승인 대기중
[illegible]	B2C 60% 지급, B2B B2B2C 40%지급(대여는 월가 1/25의 40%)	2023년 05월 16일	검수중
오디오북제작납품	납품케어 소발송원	2023년 05월 16일	승인 대기중
밀리의서재	구독형 1/25의 B2C 70%지급, B2B2C 40% 지급	2023년 05월 16일	제휴사 재전송
장르소설연재제공	순매출액의 50% 지급 (장르소설만 가능)	-	(제휴사 판매신청)
부크크	대여형 1/25의 40%지급	2023년 05월 16일	승인 대기중
밀크	구독형 1/25의 B2C 70%지급, B2B2C 40% 지급	2024년 03월 27일	승인 대기중
[illegible]	기록교 Non DRM 문영조합 가능, 40%지급	-	[⋯⋯⋯]
노벨	구독형 PDF 문영조합 가능(월기 노트 400), 40% 지급	2024년 05월 30일	승인 대기중

Solicite distribución externa en formato PDF en U-Paper

도서명 : 당신은 공무원입니까

제휴사 구분	수익 배분	판매 신청일	제휴사 관리
노벨	구독형 PDF 문영조합 가능(월기 노트 400), 40% 지급	2024년 03월 29일	승인 대기중
[illegible]	기록교 Non DRM 문영조합 가능, 40%지급	-	[⋯⋯⋯]
밀크	구독형 1/25의 B2C 70%지급, B2B2C 40% 지급	2024년 03월 29일	승인 대기중
부크크	대여형 1/25의 40%지급	2024년 03월 29일	승인 대기중
장르소설연재제공	순매출액의 50% 지급 (장르소설만 가능)	-	(제휴사 판매신청)
밀리의서재	구독형 1/25의 B2C 70%지급, B2B2C 40% 지급	2024년 03월 29일	승인 대기중
오디오북제작납품	납품케어 소발송원	2024년 03월 29일	승인 대기중
[illegible]	B2C 60% 지급, B2B B2B2C 40%지급(대여는 월가 1/25의 40%)	2024년 03월 29일	승인 대기중
네이버	B2C 60% 지급	2024년 03월 29일	승인 대기중
[illegible]	B2C 60% 지급	2024년 03월 29일	승인 대기중
리디북	B2C 60% 지급, B2B 50%	2024년 03월 29일	승인 대기중
밀리북스	B2C 60% 지급	2024년 03월 29일	승인 대기중
[illegible]	B2C 60% 지급, B2B 40%, B2B2C 40%지급	2024년 03월 29일	승인 대기중
교보문고	B2C 60% 지급, SAM 50%지급, B2B B2B2C 40%지급(대여는 월가 1/25의 40%)	2024년 03월 29일	검수중
알라딘	B2C 60% 지급, B2B 40%지급, B2B2C 40%지급	2024년 03월 29일	검수중
예스24	B2C 60% 지급, B2B 40%지급, B2B2C 40%지급	2024년 03월 29일	전송완료
유페이퍼	70% 지급	2024년 03월 29일	판매중

Solicite distribución externa a través de e-pub en U-Paper

Al distribuir en el extranjero, son importantes las versiones e-pub 2.0 y 3.0, no PDF. Esto se debe a que el mundo entero ha adoptado el método del e-pub. La diferencia entre Epub y PDF se explicará más adelante, pero depende de la presencia o ausencia de reflujo. Reflow es una extensión de archivo que permite a los usuarios cambiar el tamaño de fuente y la fuente según sus gustos en cada dispositivo electrónico (Amazon kindle, Kobo eReader, Barnes & Noble Nook, etc.), traducir fácilmente, utilizar subrayado y resaltado, etc. Se crea mediante una codificación llamada sigilo.

A excepción de las plataformas internacionales (Apple, Google, Amazon), las plataformas semiinternacionales y las plataformas locales en cada país tienen la misma estructura de distribución que Bookuk y U-Paper, por lo que el alcance de la distribución se determina según el sitio pod en el extranjero que seleccione. . Por lo tanto, las plataformas POD facilitan la expansión a los mercados globales y los autores coreanos pueden poner sus libros a disposición de lectores extranjeros a través de servicios internacionales. Penlib es la única empresa en Corea que ha promovido una plataforma de este tipo como negocio, pero parece que el servicio se ha descontinuado hasta cierto punto. El negocio de distribución global se está reorganizando para centrarse en conferencias e-pub 3.0 utilizando sigil. Intenté usar el lápiz labial yo mismo y dejé una consulta, pero no recibí respuesta durante más de un mes.

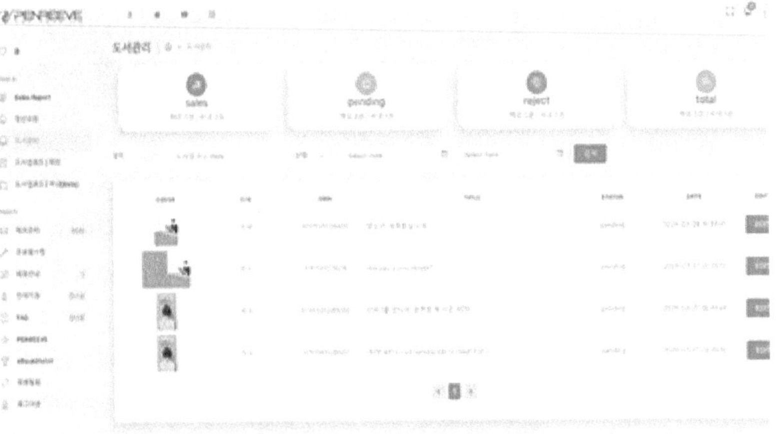

Labio:https://penreeve1.cafe24.com/user/login.php

Cuando entré a Naver Café, pude ver que estaban reorganizando su negocio en conferencias de pub electrónico. No sé cuántos artistas coreanos están tratando de distribuir en el extranjero, pero cuando lo hicieron como negocio, parece haber fracasado porque no satisfizo la demanda. A continuación se muestran los libros que han solicitado distribución a través de Penlib. Tenga en cuenta que se desconoce cuándo se reanudará el servicio y actualmente está fuera de servicio. Por último, la estructura de distribución de libros electrónicos es posible no sólo a través de POD sino también a través del comercio electrónico.

Primero, aprendamos más sobre el método POD. Es más activo en el extranjero que en el país. Este es un método para imprimir libros después de recibir un pedido. Este es un método muy útil a la hora de publicar un libro físico. Porque cuando imprimes libros, no es necesario imprimirlos en grandes cantidades. Abre nuevas posibilidades para la industria. Los autores pueden publicar libros fácilmente y los lectores pueden obtener fácilmente los libros que desean. Además, la plataforma de comercio electrónico juega un papel importante en el avance en el mercado global junto con el método POD. Existen innumerables plataformas en el extranjero que siguen el método POD y el negocio del comercio electrónico, y muchos productos distintos de los libros (camisetas, zapatos, gorras, tazas, etc.) se pueden vender a través del método POD. Si la empresa sólo tiene una impresora, los participantes de la plataforma proporcionan el diseño. Conecta el sitio POD con cada gran centro comercial (eBay, Amazon, etc.). Esto se puede explicar por la impresión y el envío, incluso si los clientes que visitan un gran centro comercial luego piden solo un artículo. Por tanto, la impresión es la clave de cualquier negocio POD.

En resumen, en los negocios POD y de comercio electrónico, los productores (escritores, proveedores de diseño, etc.) proporcionan fácilmente artículos (libros, camisetas, sombreros, tazas) a los dueños de negocios, y los clientes compran artículos hechos por los productores a través de empresarios. Como no se produce en masa, los empresarios no necesitan abastecerse en almacenes. Si los clientes piden solo un producto fabricado por un productor, pueden comprar y utilizar cómodamente el artículo deseado a través de las empresas. Es un sistema que resulta ventajoso para todos los operadores comerciales, compradores y productores.

Latest Products Created

View All Products

Vendo la portada de mi libro en cada producto. El principio es que las empresas, como Uniqlo, sólo proporcionan productos básicos sin diseños a los productores, y si los productores los diseñan, los compradores los compran. Un gran centro comercial está conectado con un sitio POD y un sitio de comercio electrónico. Los compradores van a grandes centros comerciales, piden incluso un solo artículo y los empresarios lo imprimen y lo entregan.

Entonces, ¿cuáles son las ventajas del método POD?

1) Ingresos pasivos verdaderos

Al igual que los dividendos en acciones, estos son ingresos que llegan incluso cuando estás durmiendo. Dado que los ingresos no son proporcionales al salario por hora, puede ser una gran fuente de ingresos.

2) Sin capital

Al comenzar sin capital, no hay ningún inventario ni carga de envío. Si diseñas tus propias camisetas y las vendes por talla, color o temporada, tendrás que abastecerte de una variedad de camisetas una por una. Y si quieres imprimir la ropa tú mismo, tienes que esforzarte mucho y requiere tiempo y dinero.

3) Sin inventario, sin embalaje, sin entrega

Además de los costes de producción, el almacenamiento de este gran inventario de camisetas requiere espacio. Por lo tanto, también necesitamos bodegas para almacenar inventario y alquiler para oficinas. Si abrieras un centro comercial como una tienda inteligente, tendrías que contratar a una modelo que usara una camiseta real y también tendrías que alquilar un bonito estudio para tomar excelentes fotografías. Por último, una vez que llega un pedido, debes encargarte del embalaje y el envío. Sin embargo, el POD se puede vender sin todo lo anterior.

4) Sin respuesta

En general, cuando llega una consulta de un cliente, hay que responderla una por una. Sin embargo, la plataforma POD sólo requiere cargar una imagen. Puede abrir su propia tienda registrándose y no es necesario crear una página de detalles separada.

Cuando llega un pedido, la empresa de plataforma POD se encarga de la producción, la entrega y la gestión del cliente. Por lo tanto, es muy conveniente para los vendedores que necesitan vender productos. Puede establecer su propia tasa de margen y controlar el precio usted mismo.

Análisis del mercado global de POD en el extranjero

Todas las plataformas internacionales en el extranjero pueden vender mediante el método POD. Y dado que es el mercado más grande para clientes de todo el mundo, no hay razón para no hacer más.

La primera plataforma que se presentará es Amazon Kindle Direct Publishing (KDP). Es una plataforma de publicación de libros electrónicos de fama mundial donde los autores pueden publicar sus libros y venderlos a través de la librería en línea de Amazon. Y, si es necesario, también se pueden imprimir y vender libros físicos.

El segundo es el Centro de socios de Google Play Books. La plataforma de libros electrónicos de Google permite a los autores publicar sus libros a través de Google Play Books y ponerlos a disposición de lectores en varias regiones del mundo.

El tercero es Apple Books Author. Los autores pueden poner sus libros a disposición de los usuarios globales de Apple en 61 países.

Si analizamos el negocio del comercio electrónico, Amazon es el primero y eBay el segundo. eBay es también una de las plataformas de comercio electrónico en línea más famosas del mundo y vende una variedad de productos. Se utiliza en varios países, incluido Estados Unidos, y se comercializa una variedad de productos, desde artículos usados hasta productos nuevos. En tercer lugar, están Alibaba y Taobao. Alibaba es la plataforma de comercio electrónico en línea líder de China y respalda empresas B2B y B2C. Taobao es una filial de Alibaba y es una plataforma de comercio electrónico C2C que permite a los consumidores comprar una variedad de productos a precios bajos. En cuarto lugar, también vale la pena mencionar a IKEA. IKEA es una famosa plataforma de comercio electrónico que vende muebles y artículos para el hogar, y es amada por muchos consumidores de todo el mundo. IKEA ofrece una variedad de muebles y accesorios de interior a través de compras online. Y las empresas de comercio electrónico combinadas con el método pod incluyen Shopify, Etsy y Redbubble. Estados Unidos y Europa están activos, y la India es un recién llegado y está muy interesada en este negocio, por lo que si desea vender productos POD, como libros electrónicos, a través de su propio sitio web, asegúrese de investigarlo.

En última instancia, las plataformas que brindan servicios POD se pueden clasificar en función de si son plataformas con su propia estructura de ventas y distribución o si usan la plataforma para mostrar productos en un sitio web personal como Cyworld y luego venderlos.

En otras palabras, las plataformas que solo venden archivos digitales incluyen Creative Market y Shutterstock. Y las plataformas que venden archivos digitales y también brindan servicios POD incluyen Etsy y Jazzle. Por último, están Redbubble y Tiberbrick como plataformas que lo tienen todo. Sin embargo, Redbubble y Tiberbrick sólo pueden mostrar sus productos a los clientes si el tráfico fluye hacia sus páginas de inicio.

1) Etsy

Hace apenas dos años, hubo un gran auge en la venta de archivos digitales en Etsy. También hay muchos canales de YouTube en Corea que brindan variedad de información. Sin embargo, a partir de abril de 2020, las tiendas de Etsy no podrán abrirse en Corea. No está claro cuándo podrán volver a abrir las tiendas de Etsy en Corea.

2) Redbubble

Excluyendo a Etsy, el orden de tráfico es Redbubble, seguido de Zazzle y Tiberbrick. Veamos más detalladamente el tema. Redbubble se creó en Australia en 2006. Puedes registrarte fácilmente como artista con solo un correo electrónico y abrir tu propio centro comercial de inmediato. Solo necesitas subir una imagen de tu trabajo, sin importar si es un personaje que dibujaste, una foto o una pintura. Y aunque Etsy cobra una pequeña tarifa por publicar anuncios, Redbubble no cobra ninguna tarifa por publicar anuncios, por lo que puedes subir tantos trabajos como quieras sin ninguna carga. Literalmente puedes abrir tu propio centro comercial en línea sin ningún capital. Entonces, cuando se realiza una venta, se paga la tarifa de diseño y todo lo que tienes que hacer es vincular una cuenta de PayPal.

3) zazzle

Al igual que Etsy, Jazzle también vende archivos digitales, por lo que existen muchos tipos de archivos digitales, como tarjetas de boda y tarjetas de cumpleaños. Sin embargo, también es posible vender productos POD. Jazzle es famoso por ser un lugar que de alguna manera parece un poco más lujoso y sofisticado en comparación con la imagen de Redbubble. Se dice que Redbubble tiene una tendencia a pensar en los términos de búsqueda de antemano y luego buscar algo para comprar, mientras que aquí la gente tiende a simplemente entrar y buscar cosas bonitas como si estuvieran mirando escaparates y luego comprarlas por impulso. Mientras que Redbubble se centra en productos como camisetas, tazas y bolsos, Jazzel puede verse como un producto centrado en el matrimonio, la admisión y los negocios.

4) Sociedad6

Los productos orientados a la decoración del hogar de SeoSociety 6 son populares. Hay muchas imágenes urbanas y sofisticadas.

5) Teepúblico

Como sugiere el título, T-Public es una plataforma POD especializada en camisetas.

La cantidad de usuarios mensuales es relativamente pequeña en comparación con otros sitios. Sin embargo, si se compara el número de usuarios mensuales con Kmong, es 10 veces mayor. En comparación con las plataformas nacionales, la escala en sí es enorme. Aunque el número de usuarios de T-Public es pequeño en comparación con Redbubble, tiene la ventaja de poder cargar y vender al mismo tiempo y crear etiquetas fácilmente.

6) Teespring

A continuación, Tspring, al igual que Tipperbrick, no tiene mucho tráfico mensual, pero es un mercado muy grande que no se puede comparar con el mercado nacional. Tiene la desventaja de ser más laborioso y engorroso que otros sitios.

7) impreso

Como una de las imprentas más populares de los Estados Unidos, ha contratado impresores asociados en todo el mundo. Está vinculado a los centros comerciales Etsy y Shopify, por lo que los usuarios de Etsy pueden vincularse y vender juntos fácilmente.

En ese caso, cubriremos las plataformas extranjeras relacionadas con libros en el Capítulo 2, y primero echaremos un vistazo a las plataformas POD relacionadas con libros activas en Corea.

Una plataforma que sólo puede publicar libros que hayan recibido un ISBN

Libros en papel: 1. Librería Kyobo 2. Librería Youngpoong 3. Aladdin 4. Yes24 5. Interpark 6. Paperbrick 7. Biblioteca Biblioteca 8. Libros de sabiduría, etc.

Libros electrónicos: 1. Ridibooks 2. Libro electrónico Kyobo 3. Naver Books 4. Book Cube 5. Reading Rock 6. Millie's Study 7. Bookers 8. Willa 9. God People, etc.

Sin POD (SIN ISBN)

1. Kmong 2, Taling 3. O2Job 4. Skill Up Live 5. Freep 6. Wadiz 7. Pdf 8. Top Secret, 9. Jigong 10. KTI 11. Talent Net y muchos más. Al no existir ISBN, la barrera de entrada es baja y hay más plataformas disponibles. Sin embargo, la demanda es menor que la oferta. Como se pueden vender con menos páginas, existe una fuerte tendencia a desconfiar de ellos un poco más que los libros normales.

Capitulo 2. Actores clave del mercado y panorama competitivo.

La competencia entre plataformas es feroz. Por lo tanto, es impresionante que la plataforma que atrae a una gran cantidad de clientes brinde servicios gratuitos para construir una barrera con las plataformas siguientes.

plataforma internacional

Majestad de Amazon / Kindle (Amazon Kindle)

Tiene el mercado de libros electrónicos más grande, con una amplia gama de libros disponibles a precios bajos y que se pueden leer en una variedad de dispositivos (dispositivos Kindle, teléfonos inteligentes, tabletas y computadoras).

https://www.amazon.com/Kindle-eBooks/ b?ie=UTF8&node=154606011[1]

Comodidad de Google Libros

Proporciona abundante información a través de una gran biblioteca de libros y una función de búsqueda.

Accesible en múltiples plataformas (web, Android, iOS).

https://books.google.com/

---

1.   https://www.amazon.com/Kindle-eBooks/b\?ie=UTF8&node=154606011

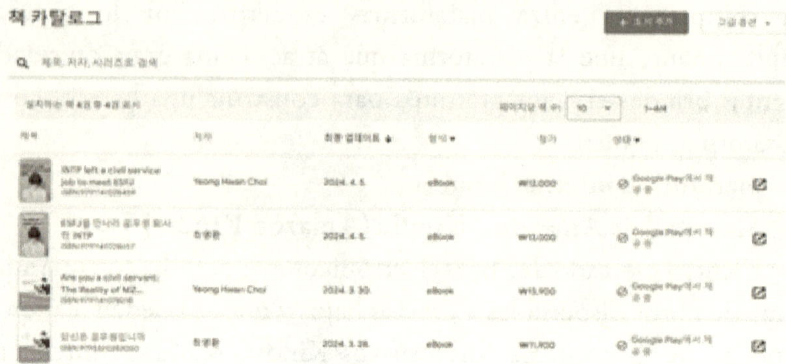

Las limitaciones de Apple Books cambiaron desde iBooks

https://www.apple.com/apple-books/

iTunes Connect 나의 도서

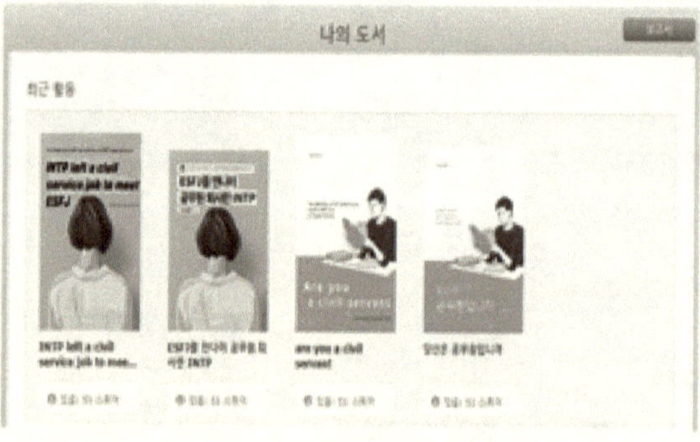

Como sabes, iTunes no es compatible con Google. Corea ni siquiera ofrece Apple Books y sólo los vendedores pueden subirlos. Además, Amazon y Google cargan libros todos a la vez desde sus librerías asociadas, pero iTunes carga libros en una ubicación diferente. Por lo tanto, conectar ambos implica muchas complejidades, como la declaración de impuestos, la aprobación de cuentas y la conexión bancaria. Ofrece la peor interfaz de las tres y también es ineficiente en términos de gestión de usuarios (solo Apple). En términos de cuota de plataforma como comprador, el orden es Amazon > Google > Apple. Apple también ofrece servicios como audio y música, pero al igual que Books, no genera dinero, por lo que no realiza ningún movimiento acorde con su clasificación de capitalización de mercado. Para los coreanos, tanto los compradores como los vendedores pueden resultar incómodos.

A continuación, veamos la estructura de competencia de la plataforma en cada país, no la proporción de clientes (compradores) de la plataforma. En Norteamérica, Amazon y Apple mantienen una gran competencia. Amazon ofrece servicios a muchos lectores a través de la plataforma Kindle y Apple ofrece nuevas experiencias a los lectores a través de Apple Books.

Kobo está llamando la atención en Europa. Kobo es popular en varios países de Europa y está atrayendo la atención de los lectores al ofrecer contenido local.

En la región asiática, Google y Naver Books están desempeñando un papel importante. Google ofrece una variedad de opciones a los lectores de Asia a través de Google Play Books, y Naver Books es muy popular en Asia, especialmente en Corea.

En la región de Oceanía, Amazon Kindle y Kobo compiten. Ambas plataformas ofrecen una variedad de libros electrónicos a los lectores de la región de Oceanía, aumentando así la satisfacción de los lectores.

Hay varios competidores en cada región y continúan compitiendo proporcionando contenido y servicios adaptados a las características regionales y las preferencias de los lectores.

Comparemos plataformas internacionales (Google, Apple, Amazon), plataformas semiinternacionales y plataformas locales, respectivamente. La razón por la que necesitamos saber acerca de las plataformas regionales y semiinternacionales es que las plataformas internacionales proporcionan decenas de miles de libros electrónicos por día. El marketing es muy importante porque no hay mucha exposición a los clientes. A menos que realice marketing pago o utilice el boca a boca y la gente busque el libro por sí misma, no se vende bien. Por lo tanto, debe utilizar una plataforma local que esté conectada en red con minoristas en cada país y, por supuesto, es la que más utiliza la gente de ese país. Los detalles se cubrirán en el Capítulo 4 y el mercado POD y la plataforma por país se explican a continuación.

Plataforma cuasi internacional (los esfuerzos de Europa para evitar que Amazon sea superada)

Gran Bretaña es un país al que le gusta estar separado de Europa debido al fenómeno Brexit. A diferencia de otros países europeos, las relaciones con Estados Unidos son relativamente buenas. Por tanto, el mercado de Amazon, que tiene una gran influencia a nivel mundial, tiene una alta cuota de mercado en el mercado del Reino Unido. Por otro lado, el resto de Europa occidental, Alemania y Francia, que están más cerca de las filas de los países desarrollados, dependen de plataformas cuasi internacionales. Las plataformas semiinternacionales son las siguientes.

- Cuasiplataforma internacional para el mercado europeo -

En Europa, donde existen muchas plataformas semiinternacionales, especialmente en Alemania y Francia, todas las cookies deben ser aceptadas por ley para poder funcionar en el sitio. Puedes hacerlo simplemente haciendo clic en aceptar, pero entre las plataformas internacionales, Apple Books no proporciona explicaciones detalladas desde la suscripción hasta las ventas, como se explicará más adelante. A diferencia de Google y Amazon, los contratos basados en conexiones fiscales y de cuentas bancarias deben firmarse electrónicamente en persona. Por lo tanto, al igual que la ley digital que permite las cookies mencionada anteriormente, los países europeos deben presentar un documento de identidad que acredite quién es el vendedor (autor). Una vez completado ese proceso, Apple comenzará a vender a países europeos. Donde dice cumplimiento en el archivo a continuación, significa que países distintos de Europa no tienen que revelar mi identidad de acuerdo con la legislación digital. Si envío mi identificación a Apple, me conectarán automáticamente con Europa. Por otro lado, Amazon y Google se encargan de este problema por ti.

Choi Yeong Hwan

계약

은행 계좌

세금 양식

규정 준수

Kobo

URL:https://www.kobo.com/

Descripción: Lector y minorista de libros electrónicos canadiense y japonés que ofrece libros electrónicos en una variedad de géneros e idiomas, incluidos Europa, América del Sur y Oceanía.

Kobo Plus

Debes saber un hecho importante. Kobo Plus es el servicio de libros electrónicos basado en suscripción de Kobo y debe ser distribuido por ambos. La biblioteca Kobo Plus contiene miles de libros electrónicos, que los usuarios pueden elegir leer libremente. Kobo Plus está disponible principalmente en países seleccionados de Europa. Los principales países incluyen los Países Bajos y Bélgica, donde Kobo Plus es la plataforma más popular. Es una de las plataformas semiinternacionales a las que es fácil entrar en el norte de Europa.

Tolino

URL:https://www.tolino.de/

Descripción: Plataforma alemana de libros electrónicos, popular en Europa y centrada en libros electrónicos en alemán.

Smashwords + D2D

URL:https://www.smashwords.com/

Borrador2Digital

URL:https://www.draft2digital.com/

Descripción: Es una plataforma que brinda servicios de autoedición y distribución de libros electrónicos en forma pod en D2D bajo el concepto de empresa matriz subsidiaria. Smash World era una subsidiaria, pero ha dejado de autoeditarse y solo juega un rol de ventas. role.

LibroBebé

URL:https://www.bookbaby.com/

Descripción: Una plataforma de autoedición que permite a los autores publicar y vender sus libros, brindando servicios y herramientas.

Scribd + Everland

URL:https://www.scribd.com/

Descripción: Este es un servicio que permite acceder a libros, audiolibros, documentos, etc. a través de una suscripción paga, y proporciona contenido de varios géneros.

OverDrive + libby

URL:https://www.overdrive.com/

Descripción: Una plataforma de préstamo digital para bibliotecas y escuelas donde los lectores pueden alquilar libros electrónicos y audiolibros. Sin embargo, basta con conocer sólo los mencionados anteriormente. Además, la distribución externa es posible a través de varias plataformas que se anunciarán en el futuro, por lo que es ventajoso saber que existen plataformas famosas relacionadas con estos libros.

Es una plataforma semiinternacional en los Estados Unidos y Canadá y es lo suficientemente famosa como para ser considerada una plataforma semiinternacional.

lulú

URL:https://www.lulu.com/

Descripción: Una plataforma de autoedición que brinda servicios para que los autores publiquen y vendan sus libros. gratis.

chispa ingram

URL:https://www.ingramspark.com/

Descripción: Una plataforma de servicios de publicación y distribución para editores y autores, que distribuye libros a nivel mundial y el servicio es de pago.

Propaganda

URL:https://www.blurb.com/

Descripción: Blurb es una plataforma POD que te permite crear y vender varios tipos de libros, incluidos álbumes de fotografías, portafolios y autobiografías. Ofrecemos impresión de alta calidad y una variedad de opciones de publicación. Vinculado con Ingramspark. Gratis si se vende solo en librerías de publicidad, pero se paga por Ingram o distribución en el extranjero.

Prensa Barnes & Noble

URL:https://press.barnesandnoble.com/

Descripción: Una plataforma de autoedición proporcionada por Barnes & Noble que permite a los autores publicar y vender sus libros. gratis.

Streetlib + librorix

https://www.streetlib.com/(empresa matriz de bookrix)

https://www.bookrix.de/en/ebook-publishing

Es más bien una plataforma semiinternacional y también distribuye en el sur de Europa, incluidos Portugal e Italia.

gratis. La diferencia entre EE. UU. y Canadá es que Canadá, al igual que el Reino Unido, tiene muchas plataformas pagas.https://publishing.tellwell.ca/quote/Algunas empresas ofrecen el 100% de regalías al solicitar una cotización.

https://www.iuniverse.com/en/publish,

https://www.thebookpatch.com/

https://www.friesenpress.com/publishing/overview

plataforma local

Distribuyamos en Estados Unidos y Canadá a través de una plataforma semiinternacional. Hay tantas plataformas.

Hay más plataformas de pago que gratuitas, pero cuanto más grande es la plataforma (más usuarios), más libre es. La plataforma joya que debemos buscar es aquella que no cobra una comisión básica por el trabajo editorial, sino que comparte una parte de las ganancias generadas por los libros vendidos con el autor (7:3 u 8:2). La curación se resume en el Capítulo 5. Por ahora, averigüemos qué plataformas están disponibles.

Brasil

https://clubedeautores.com.br/

(Sitio POD para Portugal, España y Brasil. Si te registras en Brasil, hay problemas fiscales y de vinculación de cuentas bancarias. Por otro lado, si te cambias a Portugal o España, puedes vincular tu cuenta con un banco de la zona euro.)

lura

https://www.luraeditorial.com.br/publique

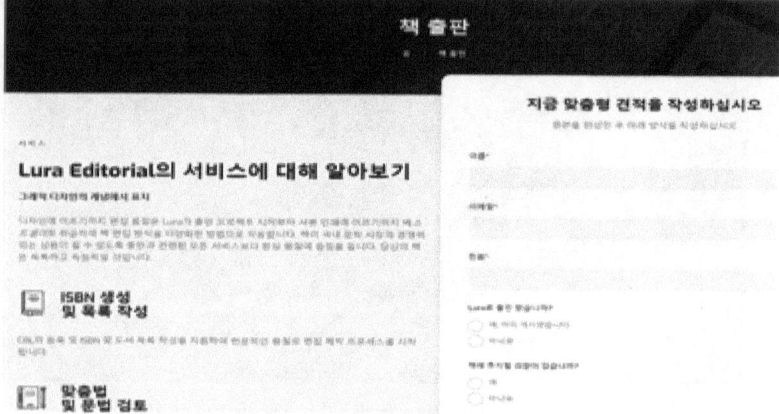

(Es un POD de producción pago que aparece con frecuencia en el Reino Unido y Australia).

Libro agrícola

https://agbook.com.br/users/new

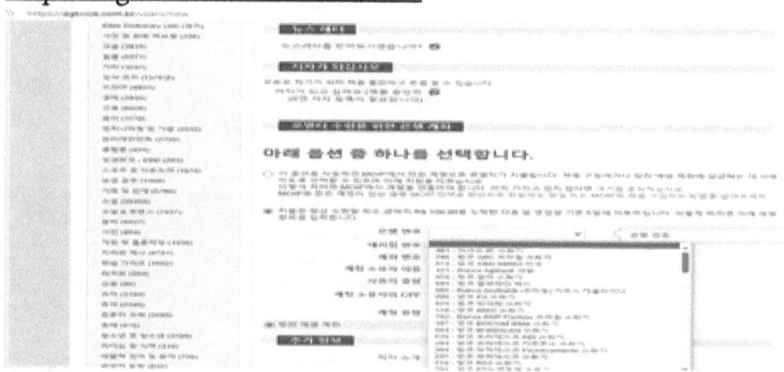

(La plataforma local aquí en Brasil tampoco tiene PayPal).

Editora Penalux - Ubicada en São Paulo, Brasil

https://www.editrapenalux.com.br/a-editora[2]

---

2.   https://www.editorapenalux.com.br/a-editora

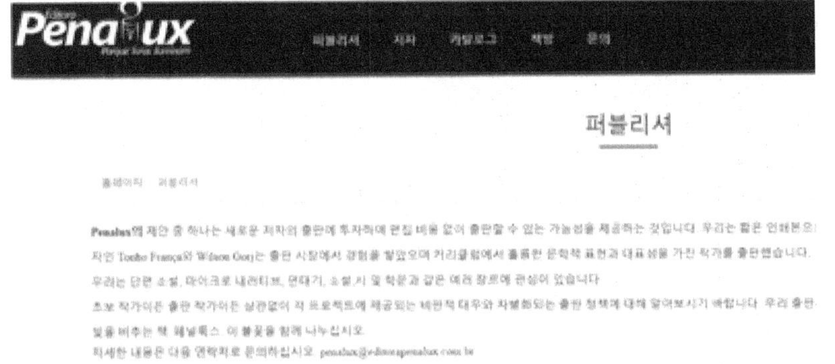

(Esta es la plataforma que aparece a continuación en las ediciones de Reino Unido y Australia. ¡Envía un correo electrónico!
Por otro lado, dice que es gratis, pero no me molesté en enviar un correo electrónico).

Editora Multifoco

https://www.editorapenalux.com.br/

Editora Giostri

https://loja.giostrieditora.com.br/envio-originais

Hay bastantes editoriales locales. Sin embargo, este también es un editor POD que envía correos electrónicos y negocia publicaciones. Por lo tanto, lo hemos dejado para aquellos que pagarán una tarifa o se comunicarán con nosotros directamente por correo electrónico. De hecho, el libro de Monk Hyemin se vendió aquí y se convirtió en un éxito de ventas en todo Brasil, así que si confía en el contenido, envíelo junto con el archivo de Word por correo electrónico.

Portugal

https://www.bubok.pt/publicar-um-livro(Bubuk)

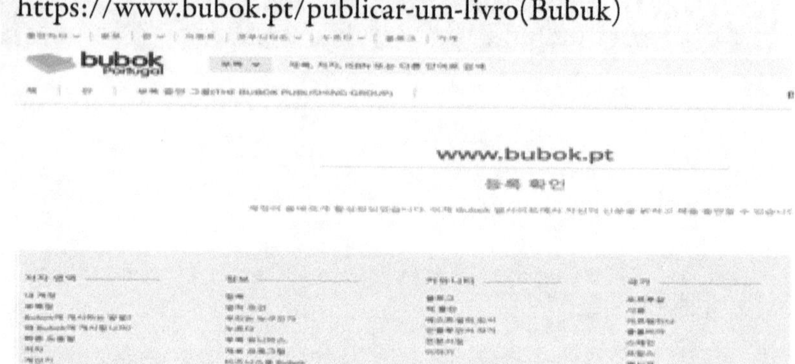

(Disponible para distribución en Portugal, Argentina, Colombia, España y Francia)

https://publish.chiadobooks.pt/site/user/index(Libros Chiado)

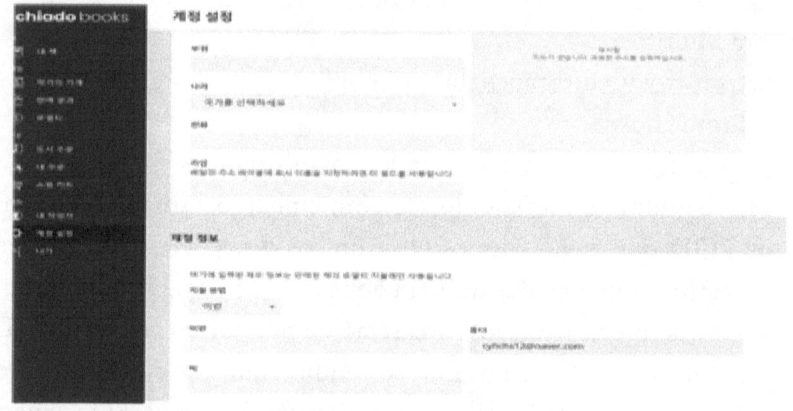

(Incluso si tiene un ISBN, está obligado a realizar una compra paga, pero si vende sin un ISBN, la distribución local es posible: gratuita / Google, la distribución de Apple no es posible / PayPal y Payoneer están disponibles)

https://www.edicoesvieiradasilva.pt/livroconnosco[3]/Formato   de Correo Electrónico

España (España)

https://www.edicionesoblicuas.com/envianos-tu-obra/

---

3. https://www.edicoesvieiradasilva.pt/livroconnosco

https://www.edicionesatlantis.com/distribucion/

https://letrame.com/como-publicar/

Las grandes plataformas regionales están ubicadas en Madrid, y se contacta con las tres por correo electrónico y luego se negocia para publicar en formato pod. Por tanto, nada es gratis.

Italia

https://www.booksprintedizioni.it/ pubblica.htm#danonperdere[4]

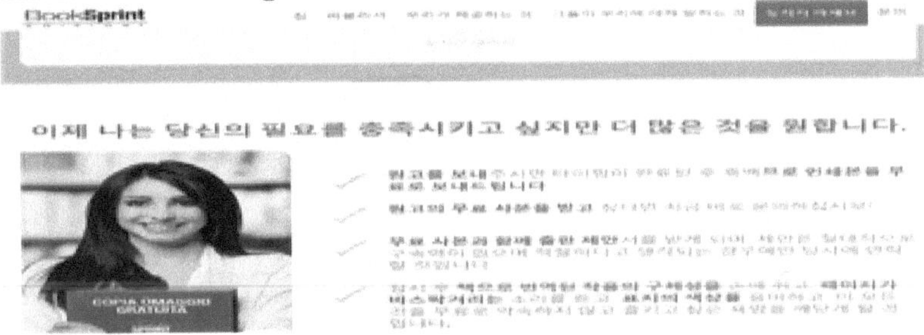

---

4.   https://www.booksprintedizioni.it/pubblica.htm\#danonperdere

En Italia todo es de pago, pero se destaca claramente que sólo éste es gratuito.

Aunque no enviaron un correo electrónico por separado, dijeron que proporcionarían una copia impresa de forma gratuita y una propuesta de publicación. Creo que el proceso de conversión a un servicio pago probablemente ya esté aquí.

https://www.youcanprint.it/servizi-editoriali/ebook/preventivo

Es el mismo método que el Laboratorio del Libro Coreano. En el caso de los libros en papel, deberás adquirir una copia para seguir utilizando el método pod. Verifiqué si el libro electrónico era gratuito, pero incluso esto sólo se puede hacer si seleccionas uno de los servicios pagos para mejorar el libro. Dado que Booklab y este sitio son más baratos que Bookk en Corea (condiciones de distribución externa: 80.000 wones o más), sería bueno para las personas que quieran usarlo pagando una tarifa. No es caro.

<u>https://bookabook.it/</u>

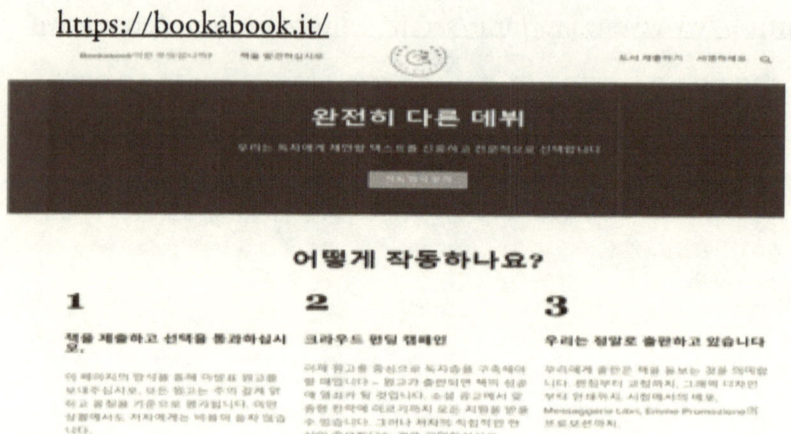

Es gratis. Sin embargo, debe hacerse mediante crowdfunding. Dependiendo de la popularidad del manuscrito que envió, si se obtiene financiación, es posible que pueda recibir revisiones y distribuir el manuscrito. (La estructura de ganancias es un sitio que consiste en financiación utilizando la plataforma).

La tan esperada Europa Occidental. Como dije, los negocios de POD y comercio electrónico están más desarrollados en los países desarrollados, Estados Unidos y Alemania son los mejores países donde se pueden crear y distribuir libros en papel o electrónicos de forma gratuita. Francia, como corresponde a su título de economía líder, ofrece servicios gratuitos en algunas plataformas. Por otro lado, el Reino Unido, donde Amazon tiene una alta cuota de mercado, tiene muchas plataformas de autoedición, pero cuando visité más de 30, todas eran de pago. Por tanto, me gustaría decir dos cosas a quienes pagan por el Reino Unido. Hay demasiados en el Reino Unido.

Alemania
https://www.bod.de/

También se llama a Bod cambiando la parte frontal del POD a Book. Los sitios de Bod también son famosos, pero se requiere pago para la distribución externa.

https://www.neobooks.com/

Es todo gratis.

https://www.epubli.com/

Tanto los libros en papel como los libros electrónicos son gratuitos y su rango de distribución es considerable.

https://www.xinxii.com/

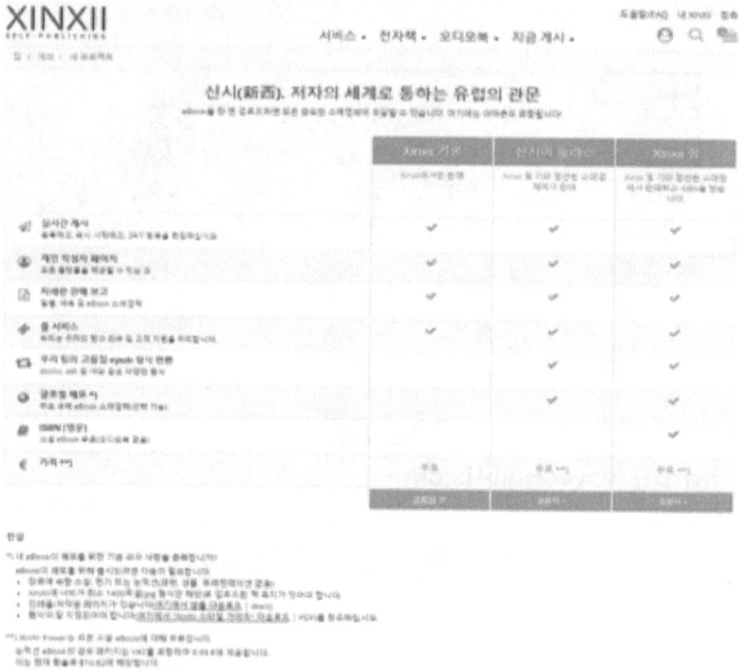

Sólo los libros electrónicos son gratuitos. El rango de distribución también es amplio. En Alemania no tienes que preocuparte por las cuentas ni por los impuestos. También es una plataforma que admite tanto PayPal como Payoneer. Pude ver por qué Alemania es un país desarrollado.

Francia

https://www.thebookedition.com/

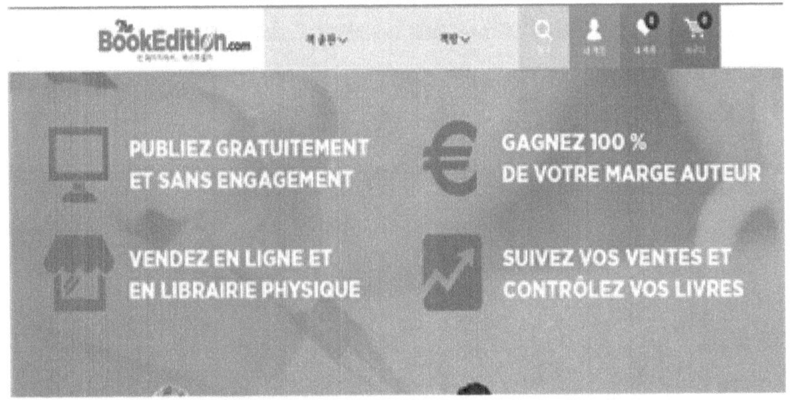

Francia no puede quedar fuera de esto. Es todo gratis.

https://www.librinova.com/publier-un-livre

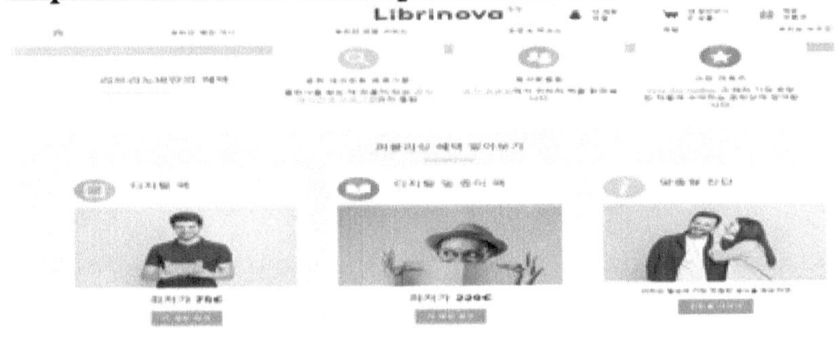

https://www.bookelis.com/content/131-cinco-faciles-pasos-para-publicar[5]

Los libros en papel requieren una tarifa para su distribución externa. Todo es gratuito excepto la distribución externa. Todos los libros electrónicos son gratuitos. Puede distribuir libros electrónicos en la biblioteca más grande de Francia (Hachette Livre). El país se distribuye en Francia, Bélgica, Suiza, Quebec y Luxemburgo. No tienes que preocuparte por cuentas ni impuestos.

https://www.tckpublishing.com/submission-guidelines/

---

5.   https://www.bookelis.com/content/131-five-easy-steps-to-publish

논픽션 도서 제안서 제출 양식

출판 심사를 위해 TCK Publishing에 논픽션 도서 제안서를 제출하려면 이 양식을 작성하십시오.

원고 제출이나 질의서는 받지 않으며, 완전한 책 제안서만 받습니다.

참고 1: 제안서에 책의 샘플 챕터를 하나 이상 포함해야 합니다. 책 제안서 작성에 대한 자세한 내용은 www.tckpublishing.com/how-to-write-a-book-proposal

참고 2: 제출물을 검토하거나 책을 출판하는 데 수수료를 부과하지 않습니다.

참고 3: 이 양식이 작동하지 않으면 페이지를 새로 고치고 다시 시도하십시오.

cyhchs12@gmail.com 계정 전환

파일을 업로드하고 이 양식을 제출하면 Google 계정과 연결된 이름, 이메일 주소 및 사진이 기록됩니다.

* 표시는 필수 질문임

이름 *

내 답변

이메일 *

내 답변

책 제목 *

내 답변

여기에 책 제안서 또는 원고 파일을 업로드하십시오(가급적 Microsoft Word 또는 PDF 형식). *

⬆ 파일 추가

제출

양식 지우기

Puede enviar su manuscrito utilizando el formulario de envío de Google. El networking es mejor que otras plataformas porque lo recibes en un formulario en lugar de enviarlo por correo electrónico, pero solo se puede distribuir si se aprueba el manuscrito. Todos los costos son gratuitos.

https://www.leseditionsdunet.com/

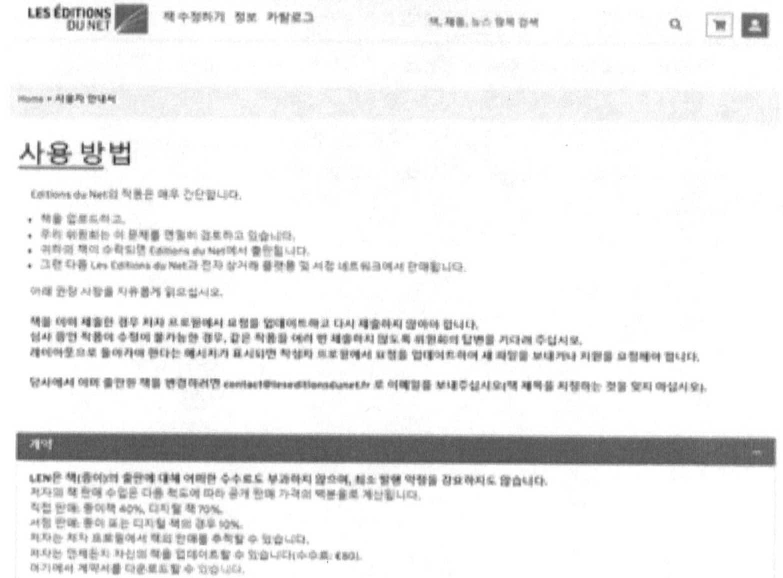

Al igual que el sitio alemán Tolino, esta plataforma francesa se entrega gratuitamente a la Biblioteca Nacional de Francia. La estructura de ganancias es similar a la cuasi plataforma Digital 2 Digital, donde los pagos se realizan cada vez que se revisa o actualiza el manuscrito, por lo que tanto los libros en papel como los libros electrónicos son gratuitos cuando se registran y distribuyen inicialmente.

Reino Unido (demasiados)

El Reino Unido es un país donde la participación de KDP de Amazon supera el 60%. Por lo tanto, los británicos también distribuyen utilizando plataformas semiinternacionales como Ingram Spark, Lulu y Blurb, excluyendo Bookvault (región). Es realmente sorprendente que todas las plataformas locales primero establezcan un precio pagado o incluso obtengan una cotización para los productos POD. A continuación se muestra la estructura de ganancias de varias plataformas pagas.

https://www.luminarepress.com/publishing-packages/

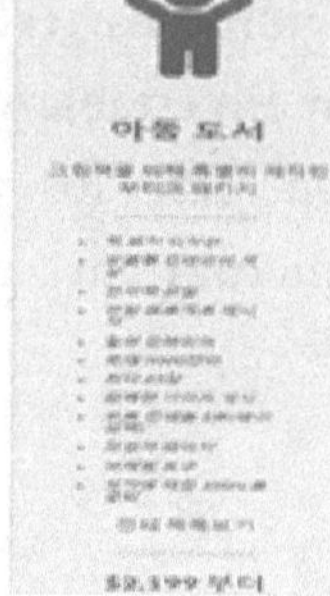

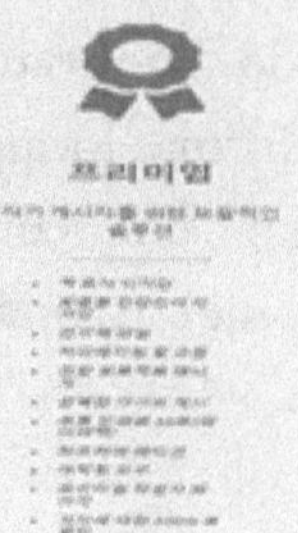

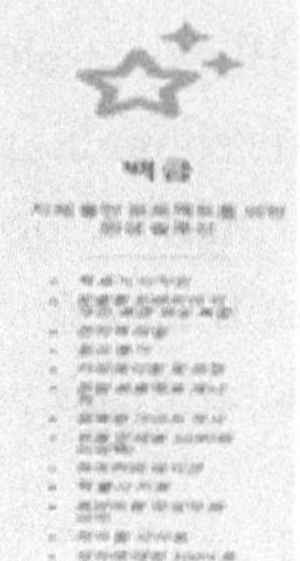

https://www.publishingpush.com/pricing-copy

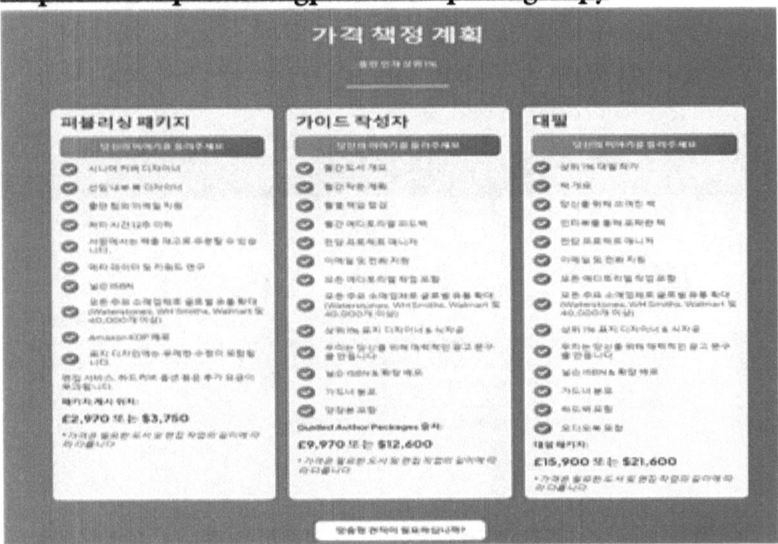

https://www.clocbookprint.co.uk/quote/

Existen innumerables plataformas POD, y las plataformas regionales, el Reino Unido, que se compone de cuatro países, incluidos Inglaterra y Gales, son todas de pago. No creo que el impacto del Brexit sea en vano. Juega por separado en Europa. El área de distribución es global y no hay distribución dentro de Europa.

norte de Europa(Dinamarca, Noruega, Suecia, Finlandia, Países Bajos, Bélgica, Suiza, etc.)

https://www.eboknorden.com/- Noruega / La producción y distribución son todas pagadas.

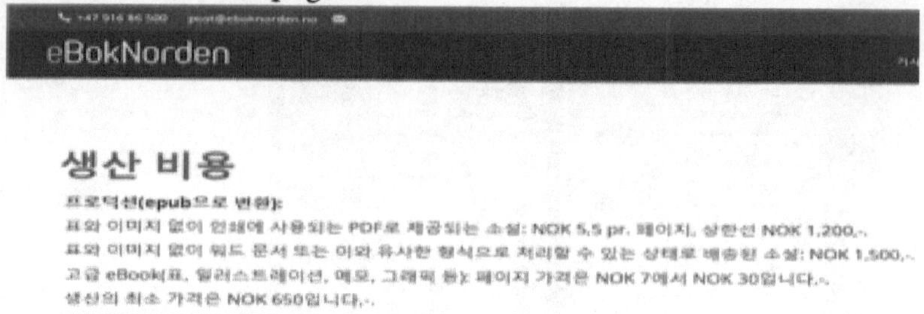

http://publiser.ebok.no/- Esta es la versión beta del pod noruego.

Islandia

https://www.bokun.io/features- Es un modelo de negocio B2B y, al igual que shopify, se conduce como un negocio emergente. Sólo los ciudadanos islandeses pueden utilizarlo.

Dinamarca

https://www.saxo.com/dk/- La plataforma de libros más grande de Dinamarca.

Finlandia

https://www.bookbeat.com/

Suecia

https://www.storytel.com/kr

Aunque los Países Bajos son un territorio pequeño, hay muchas plataformas POD activas. Por mencionar sólo algunos:

https://beheer.pumbo.nl/beheer/project-starten/ebook-makenpagar

https://www.mijnbestseller.nl/site/quickprice/indexpagar

https://home.bravenewbooks.nl/ Pagado

https://www.boekscout.nl/gratis

Una vez vi un artículo que decía que los polacos y los holandeses leen muchos libros. Sin embargo, dado que la distribución también es posible a través de Europa occidental, creo que es mejor hacerlo sólo para aquellos que quieran hacerlo. Como se mencionó anteriormente, el mercado de libros electrónicos también está desarrollado en el norte de Europa, pero al igual que Storytel en Suecia, la atención se centra en la industria de audiolibros. Dado que gran parte de la cuota de mercado de los libros electrónicos se ha perdido en beneficio de Europa occidental, como Alemania y Francia, parece que están apuntando a mercados donde actualmente existe una gran demanda. Sirve en 25 países, incluida Corea, y se puede descargar y utilizar como una aplicación para cuentas de Apple y Google. Parece que el negocio se está expandiendo muy rápidamente. Al final, no hay necesidad de preocuparse por distribuir libros en el norte de Europa porque la distribución se realizará automáticamente si utiliza una plataforma de Europa occidental excluyendo el Reino Unido. Casi el 80% de la población también habla inglés. Por lo tanto, no tienes que preocuparte demasiado por la traducción. Se dice que el inglés se enseña como segundo idioma como un plan de estudios obligatorio a partir del sexto grado de la escuela primaria, y se dice que es inglés británico en lugar de inglés americano.

Rusia, Europa del Este(Polonia, Rumania, República Checa, Hungría, etc.)

Litros

https://selfpub.ru/books/ebooks/?state=unpublished[6]

Todos los servicios son gratuitos, pero los impuestos y la vinculación de cuentas no son posibles. No es compatible con PayPal o Payoneer. Cuando se distribuya, se distribuirá en el mercado de libros electrónicos más grande de Rusia y en Rumania, República Checa y Hungría de Europa del Este.

https://eksmo.ru/authors/form.php

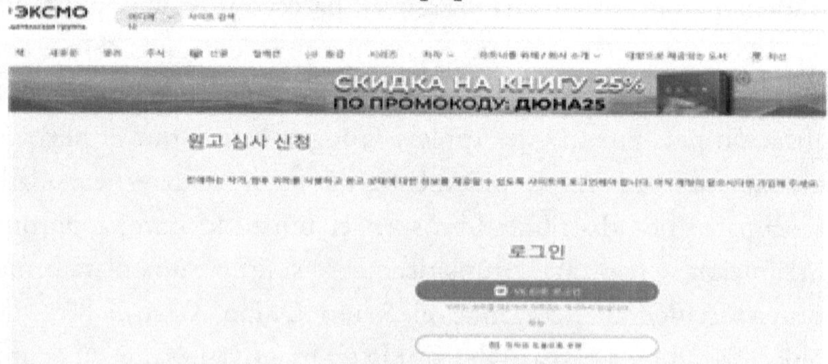

https://www.mann-ivanov-ferber.ru/about/dlja-avtorov/

---

6.   https://selfpub.ru/books/ebooks/\?state=unpublished

MИOO

책   코스&활동   업무용   출판사   블로그

이용 후기 작성자

우리는 자신의 경험을 공유할 준비가 된 전문적이고 열정적인 시장들만 러시아 작가를 찾고 있습니다. 책이나 계정을 제출하려면 페이지 하단의 양식에 있는 질문에 답하세요.

우린 왜

우리는 저자와 우리 모두가 자랑스러워할 수 없는 방식으로 책을 만들합니다. 이것은 우리 팀이 제품에 대한 고품질 디자인을 선택하기 위해 모든 것을 할 것임을 의미합니다.

우리는 모든 책을 홍보합니다. 우리는 특정 제품에 이상적인 프로모션 방법과 양을 선택합니다. 그리고 우리는 성공이 저자 자신이 그것을 어떻게 홍보하느냐에 크게 좌우된다고 굳게 믿는다.

MИF에서 책을 출판하기 위한 단계별 계획을 읽어보세요. 원고를 제출함으로써 귀하는 계획의 조건과 단계에 동의하게 됩니다.

La autoedición es posible mediante el método POD, pero es un sistema de aprobación. Y no lo sabrás hasta que se apruebe la versión gratuita de pago.

https://www.kitapyurdu.com/yayincilar

No hay ningún sitio POD en Türkiye. A pesar de la gran superficie terrestre, ningún negocio parece avanzar todavía en el país.

Sin embargo, puedes vender tu página de inicio personal y tu dominio de la misma manera que Shopify. (Los influencers tienen una ventaja)

https://www.publio.pl/kontakt.html

Es una plataforma polaca. Estamos aceptando solicitudes de cotizaciones o recibiendo correos electrónicos.

China (2 plataformas que abrieron la China cerrada)

Hasta 2017, China no pudo distribuirlo. La industria editorial china, como todo lo demás involucrado en la difusión de ideas, está fuertemente regulada. Para publicar un libro en China, primero había que obtener un número ISBN específico para ese país (es decir, China tiene su propio sistema ISBN que excluye el mundo exterior). Para comprar un ISBN, tenías que ser editor y tu libro tenía que ser aprobado por un censor gubernamental. Y sólo los chinos podían iniciar una empresa editorial. Dado que la inversión extranjera está prohibida en las editoriales y que los ciudadanos no chinos no pueden poseer ninguna parte de las editoriales, parecía imposible sin abrir el mercado.

E incluso los márgenes eran bastante bajos. El precio de los libros era bajo e incluso el distribuidor estatal se quedó con las ganancias. No había ningún vínculo entre el KDP de Amazon y los sitios chinos relacionados, y no fue fácil para Amazon, que es una empresa estadounidense, ingresar a China. Sin embargo, a partir de 2018 podremos vender a través de dos plataformas. ¿Era una lástima perderse un mercado de 1.500 millones de personas en un país capitalista? Al utilizar las dos plataformas que se introducirán en el futuro, se podrá distribuir en China y los derechos de autor se podrán proteger con DRM incluso en China, un país conocido por la piratería.

https://fiberead.com/es/acerca de-nosotros[7]

Fiberead

About us

FIBEREAD

E-book Publishing — Consider Fiberead your one-stop-shop translation and publishing service for release in foreign language marketplaces.

Chinese Marketing — Fiberead promotes your work, enhances your global visibility and uses modern methods and marketing channels to boost sales.

Sales Reports — the provide transparent and verifiable sales data at no extra cost so you can easily assess updated account information and performance.

SALE SITES

Douban	Amazon Kindle(USA)	iBooks
NetEase	Amazon Kindle(China)	OverDrive
JingDong	SuNing	iReader
DuoKan	Baidu	Tencent
Pubu		

Es una forma de evitarlo. Parece que se lanzó para abrir una ruta de ventas en China, que es un mercado de gran demanda ya que está sujeto a censura e inspección en la propia plataforma china. La plataforma es compatible con Estados Unidos y China, y abre rutas a los sitios más grandes de China (Dang dang), Tencent Comics Tencent Dongman, las populares plataformas de novelas en línea Qidian, JD.com y NetEase Cloud Reading. El servicio es gratuito, pero sorprende que acepte solicitudes de correo electrónico. Tiene una estructura diferente a otras plataformas de autoedición POD, y actualmente hay que utilizar esta plataforma o avanzar a dang dang a través de las plataformas semi-internacionales ingramspark y propaganda. Pero todo el mundo parece estar preocupado por la piratería. El idioma chino es el chino tradicional y el chino simplificado, y se dice que el chino simplificado se introdujo durante la época de Mao Zedong para reducir la tasa de analfabetismo. Si el objetivo es la distribución, creo que es necesario estudiar chino tradicional y simplificado. Los resultados de búsqueda en Internet muestran que el chino simplificado se utiliza ampliamente en China continental, mientras que el chino tradicional se utiliza en Indonesia, Taiwán, Hong Kong y Singapur. Como plataforma semiinternacional, Publish Drive parece haberse asociado con China en 2018. Los tres minoristas más importantes son DangDang, Amazon China y JD. Los tres dicen que están haciendo todo lo posible para proporcionar un entorno seguro y protegido no sólo para los lectores sino también para los editores. Dicen que utilizan diferentes tipos de tecnologías DRM y hacen que sus libros estén disponibles a través de diferentes canales y dispositivos para combatir la piratería de libros electrónicos. Sin embargo, como los extranjeros ganan dinero, es difícil saber sobre las regalías cuando transitan por China, que está cerrada.

https://publishdrive.com/overview-chinese-book-market.html

퍼블리시드라이브(PublishDrive)는 '중국 아마존'으로 불리는 거대 유통업체 땅당(DangDang)과 계약을 체결했다. 이 파트너십을 기념하기 위해 중국 도서 시장에 대한 분석을 소개합니다. 베이징 북엑 도서 사무소에서 공유한 데이터, 새로운 파트너 스토어에서 공유한 정보 및 아래에 명시된 기타 출처에 감사드립니다.

약 14억 명의 인구를 가진 중국은 세계에서 가장 큰 시장입니다. 그 힘과 영향력은 오랫동안 서구 출판사들에 의해 무시되어 왔다. 그러나 점점 더 많은 사람들이 중국 시장을 발견하고 중국에서 출판할 수 있는 가능성을 찾을 수 있습니다. 이 기사는 중국 도서 시장에 대한 개요를 제공하고 동향을 분석하며 저자와 출판사에 도움이 될 수 있는 몇 가지 기회를 발견하는 것을 목표로 합니다.

인구 통계

서문에 요약되어 있듯이 중국의 인구는 세계에서 가장 많을 뿐만 아니라 큰 변화를 겪고 있습니다. 이러한 변화는 그것을 더욱 매력적으로 만듭니다. 빠르게 성장하는 도시화와 강력한 경제가 강력하고 교육받은 중산층을 낳는 것과 마찬가지로 사회학적 추세. 이 사람들은 서양 문학을 열망하지만 중국 문학에도 길들여져 있습니다. 최근 한 자녀 정책을 포기하면서 인구가 더욱 급증할 것으로 예상된다. 사회학적 발견은 다음 단락에서 볼 수 있듯이 숫자로도 뒷받침됩니다. 요약하자면, 이러한 사회경제적 변화로 인해 중국은 오늘날 가장 인기 있는 시장 중 하나가 되었습니다.

BAKER & TAYLOR — Use imprint setting (enabled)	Enable	Disable
Use imprint setting (enabled)	Enable	Disable
24symbols — Use imprint setting (enabled)	Enable	Disable
iReader — Use imprint setting (enabled)	Enable	Disable
tolino — Use imprint setting (enabled)	Enable	Disable
OverDrive — Use imprint setting (enabled)	Enable	Disable
Use imprint setting (enabled)	Enable	Disable
hoopla — Use imprint setting (enabled)	Enable	Disable
ODILO — Use imprint setting (enabled)	Enable	Disable
bibliotheca — Use imprint setting (enabled)	Enable	Disable
Gardners — Use imprint setting (enabled)	Enable	Disable
MACKIN — Use imprint setting (enabled)	Enable	Disable
perlego — Use imprint setting (enabled)	Enable	Disable
clando eBooks — Use imprint setting (enabled)	Enable	Disable

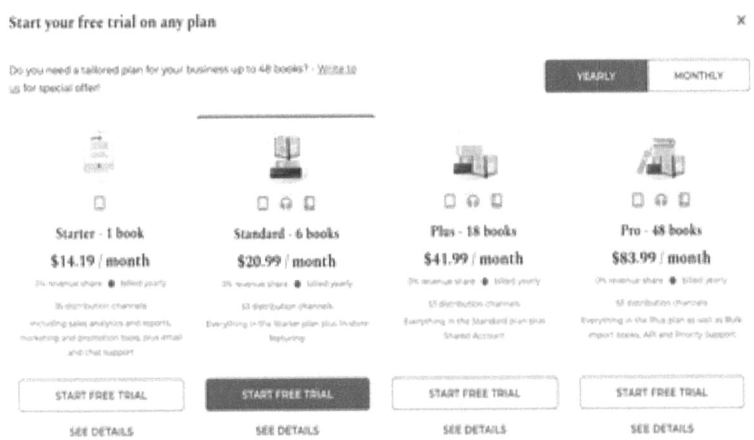

Cuando se utiliza una plataforma semiinternacional, es posible vincular impuestos y cuentas, por lo que la unidad de publicación es un buen método para distribuir a China. Sin embargo, esta también es una plataforma paga. En la versión inicial, sólo se puede distribuir un libro por mes. Cuesta 14,19 dólares al mes y, al igual que un sistema de suscripción, hay que pagar una tarifa de servicio. Aunque es más cara que otras plataformas de pago, no he encontrado ninguna otra plataforma semiinternacional distribuida en China. Sin embargo, lo que la diferencia de otras plataformas semiinternacionales es que distribuye a muchos lugares. Me sorprendió ver el rango de distribución. Al final, creo que el único lugar que permite la distribución gratuita es Fiberead, del que podrás informarte después de enviar el manuscrito.

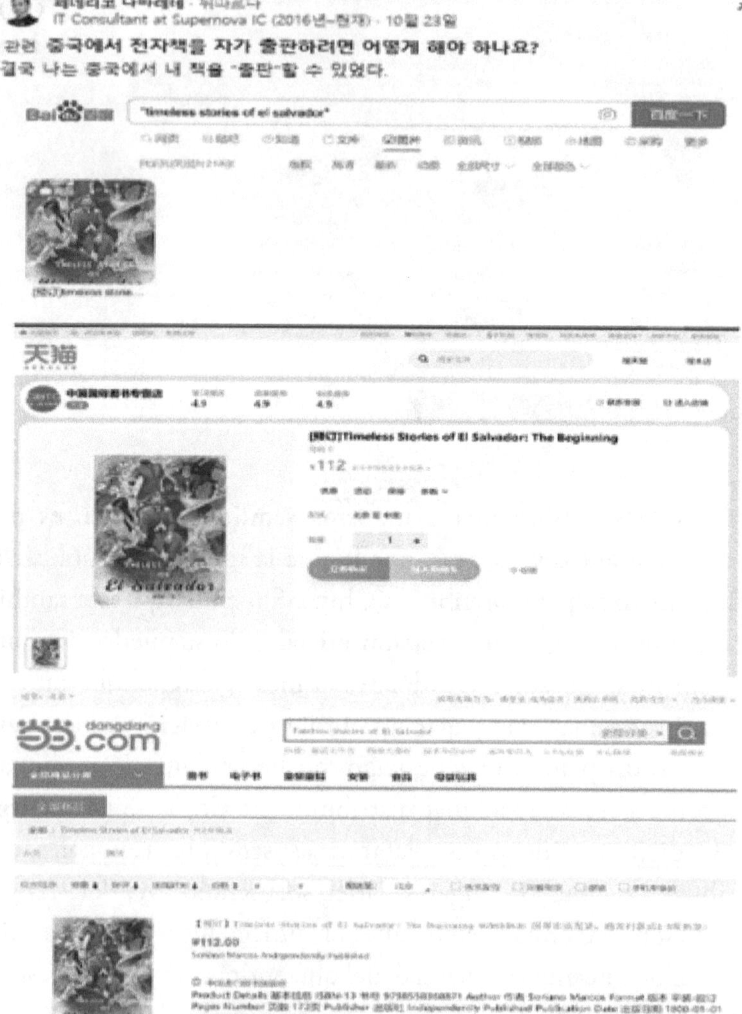

(Extranjero que distribuyó su libro en Tangdang)

Japón

https://bookwalker.jp/top/?pid=FcV8y7[8]

https://ebookjapan.yahoo.co.jp/

https://ebookstore.sony.jp/top/sale/?cs=saletab_top[9]

https://maho.jp/novela, sitio de literatura

https://syosetu.com/Una plataforma de escritura como Kakao Brunch

---

8.   https://bookwalker.jp/top/\?pid=FcV8y7

9.   https://ebookstore.sony.jp/top/sale/\?cs=saletab_top

https://www.ebookrenta.com/renta/sc/frm/salesitio de libros electrónicos

https://shopping.bookoff.co.jp/

Incluso si visitas más de 50 mercados japoneses, no encontrarás ninguna plataforma relacionada con POD. Incluso en los países avanzados, cada país parece diferir dependiendo de cómo genera su estructura de ganancias. Y a la mayoría de los sitios relacionados con libros no les falta animación. Como país avanzado en animación, vi un artículo que decía que grandes empresas de todo el mundo están ingresando al mercado japonés con la industria de los dibujos animados. En Japón, lo mejor es distribuir a través de Rakuten Kobo, una plataforma de productos conjunta con Canadá.

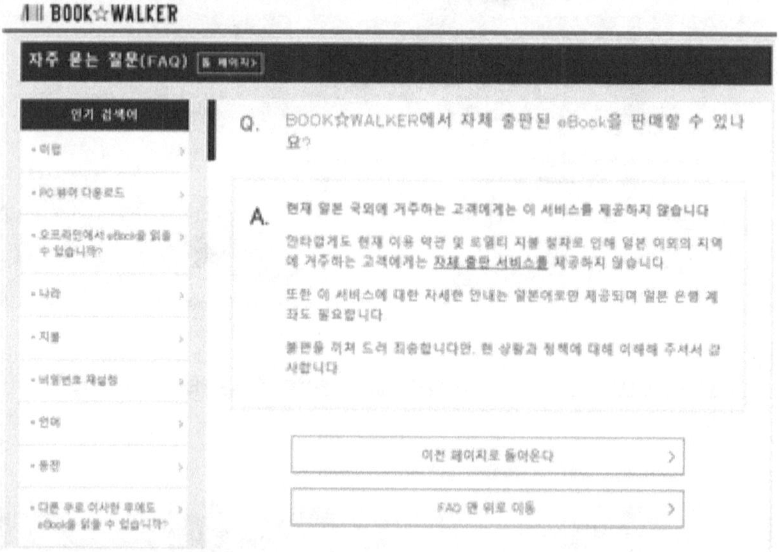

https://writinglife.kobo.com/

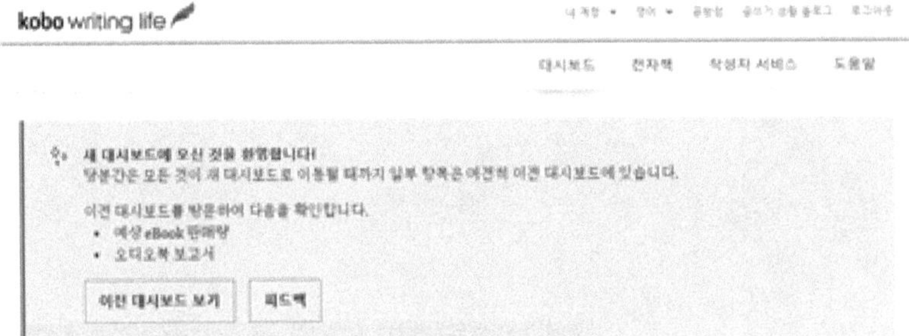

Sirve como una plataforma semi-internacional y muchos japoneses también usan esta plataforma, así que distribuyámosla aquí. Si todavía quieres hacerlo,

https://pubfun.jp/self/link#taikendan[10]

https://www.gentosha-book.com/lp
https://bookplt.com/selfpub
https://smartgate.jp/solution/information-ebook/19/

India
https://www.double9books.com/

---

10. https://pubfun.jp/self/link\#taikendan

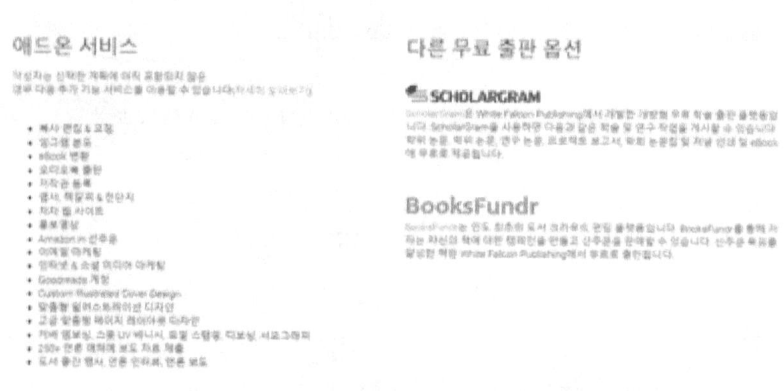

https://whitefalconpublishing.com/plans.htmlEstá pagado. Sin embargo, presentamos dos opciones de publicación gratuitas como se muestra en la foto.

애드온 서비스

작성자가 선택한 계획에 의해 포함되지 않은
경우 다음 추가 기능 서비스를 이용할 수 있습니다.

- 복사 편집 & 교정
- 잉크젯 분모
- eBook 변환
- 오디오북 출판
- 저작권 등록
- 평서, 책갈피 & 전단지
- 저자 웹 사이트
- 홍보 영상
- Amazon in 선주문
- 이메일 마케팅
- 인터넷 & 소셜 미디어 마케팅
- Goodreads 계정
- Custom Illustrated Cover Design
- 맞춤형 일러스트레이션 디자인
- 고급 맞춤형 페이지 레이아웃 디자인
- 커버 엠보싱, 스폿 UV 바니시, 포일 스탬핑, 디보싱, 서코그래피
- 250+ 언론 매체에 보도 자료 제출
- 도서 출간 행사, 언론 인터뷰, 언론 보도

다른 무료 출판 옵션

SCHOLARGRAM

ScholarGram은 White Falcon Publishing에서 개발한 개방형 우리 학술 출판 플랫폼입니다. ScholarGram을 사용하면 다음과 같은 학술 및 연구 작업을 게시할 수 있습니다: 학위 논문, 학위 논문, 연구 논문, 프로젝트 보고서, 학회 논문집 및 저널 인쇄 및 eBook 에 무료로 작공됩니다.

BooksFundr

BooksFundr는 인도 최초의 도서 크라우드 펀딩 플랫폼입니다. BooksFundr를 통해 귀하는 자신의 책에 대한 캠페인을 만들고 선주문을 판매할 수 있습니다. 선주문 목표를 달성한 책은 White Falcon Publishing에서 무료로 출판됩니다.

India es un mercado emergente menos desarrollado que Japón y Corea y se le conoce como BRIC. Hay más opciones pagas que gratuitas.

https://www.becomeshakespeare.com/

https://www.zorbabooks.com/writer-dashboard/
https://notionpress.com/es/for-writers[11]
Es bastante famoso aquí.

---

11.   https://notionpress.com/en/for-writers

**https://www.partridgepublishing.com/en-sg/
free-publishing-guide**

https://scholargram.whitefalconpublishing.com/
Materiales académicos, trabajos - gratis

Australia, Nueva Zelanda

https://www.xlibris.com/en-au/get-started

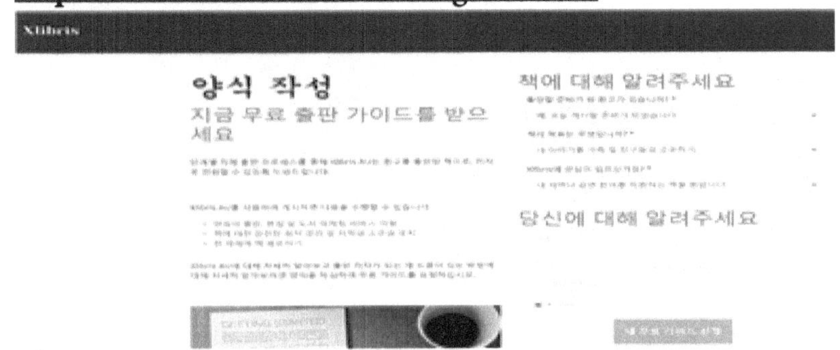

Aparte de la región de Oceanía, está cerca de una plataforma semiinternacional.

https://printabook.co.nz/page/Upload(Nueva Zelanda)

https://www.publicious.com.au/ebooks.html

https://www.australianebookpublisher.com.au/

Dicen que cobran una tarifa anual por almacenar libros.

https://greenhillpublishing.com.au/[12]- pagar

https://publish.tellwell.com.au/

---

12. https://greenhillpublishing.com.au/

https://scribepublications.com.au/about-us/ sales-distribution

Intentamos distribuir a Australia y Nueva Zelanda en la región de Oceanía a través de una plataforma regional en lugar de una plataforma internacional o semiinternacional. Hablaremos de PayPal y Payoneer, pero Australia es un buen país para configurar una cuenta virtual separada en Payoneer. Sin embargo, todos ellos brindan servicios por una tarifa. El precio unitario de los libros en Nueva Zelanda y Australia es probablemente más alto que en otros países, y creo que es por eso que las empresas que brindan servicios de impresión obtienen muchas ganancias en el medio. Vi algunas publicaciones insatisfechas de escritores australianos. Este es un artículo analizado por un autor australiano.

Si se imprimían 50 libros, el precio por libro era NZ\$12,35, incluidos GST y gastos de envío, e incluía dos pruebas.

Pasé a mi impresora preferida, Crear espacio en los EE. UU. También tienen una práctica calculadora, que puedes encontrar aquí. Desafortunadamente, Amazon y Create space se han fusionado en KDP (Kindle Direct Publishing). Sin embargo, los precios se han mantenido constantes. Elegí el tamaño de libro más cercano a NZ A5 (5,5"x8,5"), que cuesta 3,85 dólares por libro (independientemente de si pides 1 o 100). El envío de 50 libros enviados desde Estados Unidos cuesta 105 dólares estadounidenses.—Eso es 2,10 dólares por libro. 50 es el número más económico para realizar envíos desde Create space—Puedes hacer 'casos mixtos' para más de un libro. Entonces total \$3.85+\$2.10 = US\$5.95 \$9.23 al tipo de cambio de hoy (amigos de xe.com)—Al agregar el GST, el precio total por libro llegado a Nueva Zelanda, incluido el GST, asciende a NZ \$ 10,61.

Mientras escribo sobre la distribución global de POD en el extranjero, se venden libros similares en Nueva Zelanda. Se dice que los escritores australianos y neozelandeses son los que más utilizan Amazon KDP e Ingramspark.

En Oceanía, Booktopia es la plataforma más grande que no se puede ignorar.

https://www.booktopia.com.au/Se dice que muchos libros se distribuyen a través de Kobo. Esta librería no puede faltar para aumentar la cuota de mercado en Nueva Zelanda y Australia.

Países con infinitos problemas con el socialismo

Oriente Medio (Irán, Arabia Saudita, Pakistán, Afganistán, Siria, Jordania, Irak, etc.), China, Rusia, partes de Europa del Este y México en América del Sur a menudo bloquean https primero. Excluyendo los litros rusos, actualmente no existe ninguna ruta visible para acceder a él.

Un país al que todavía le falta networking

En África y Asia, la distribución es difícil en el sudeste asiático (Filipinas, Vietnam, Camboya, Myanmar, Laos, Tailandia, Indonesia, etc.), y en América del Sur, todos los países excepto Brasil, Argentina y Chile (Bolivia, Paraguay, Uruguay). , Colombia, Venezuela, Surinam, etc.).

Sudáfrica, el país menos activo de África

https://printondemand.co.za/contact-us/

Un lugar que solía brindar servicio gratuito suspendió el servicio por falta de demanda.

Megalibros https://rachel-morgan.com/selfpubsa/

https://www.burble.co.za/self-publish

No hay libros electrónicos, sólo libros en papel y productos POD. Sin embargo, se deben pedir 10 volúmenes para su distribución. Mismas condiciones que Bukk. Además, existen dificultades para abrir cuentas en África. Si PayPal y Payoneer no son compatibles, solo se podrán utilizar con fines promocionales. Como se mencionó anteriormente, en Corea existen Kyobo, Bookuk, U-Paper, Booklab, etc. Kyobo Bookstore no se puede distribuir externamente y solo Kyobo puede venderlo.

Capítulo 3. Preparación para la distribución de libros electrónicos en el extranjero.

Es fácil vender libros electrónicos si conoces la cultura y el idioma de cada país. Por tanto, las personas que conocen la historia mundial tienen una ventaja. Antes de abordar el Capítulo 4 en términos de marketing, conozcamos un poco sobre la historia del continente que vendemos. Los mejores lugares para distribuir libros electrónicos son Europa, Asia y América del Norte. En ese caso, dado que Japón es nuestra área cultural en Asia, debemos estudiar la historia europea asumiendo que sabemos un poco sobre ella. América del Norte es un continente de nueva era y un país que no tiene una historia muy profunda consistente en la Guerra Civil. Por lo tanto, si se prepara contenido en inglés bien traducido, es relativamente más fácil conseguir lectores que en Europa. Sería bueno estudiar Australia y Nueva Zelanda, pero el autor sólo estudió Europa e investigó cómo traducir idiomas. Cuando estudias Europa, aprendes que América del Sur y la India eran colonias de España, Portugal y Gran Bretaña, por lo que las culturas relacionadas son profundas.

Traducción del coreano a cada idioma.

Echemos un vistazo breve a la parte europea de la historia mundial para traducir. La diversidad lingüística de Europa refleja su rico trasfondo histórico. Cada región ha desarrollado su propio idioma y cultura, que pueden considerarse influenciados por factores históricos, geográficos y políticos.

Norte de Europa: La región del norte de Europa, especialmente la península escandinava y Finlandia, utiliza lenguas germánicas como el escandinavo y el finlandés.

Europa occidental: los países de Europa occidental hablan principalmente la familia de lenguas romances. Estos incluyen francés, español, portugués, italiano, alemán y holandés. Estas lenguas fueron influenciadas por el Imperio Romano y han sufrido diversas transformaciones modernas.

Sur de Europa: esta región tiene un paisaje lingüístico diverso. Por ejemplo, Grecia utiliza el griego moderno, que se desarrolló a partir del griego antiguo, y en la región se hablan comúnmente lenguas eslavas y albanés. La diversidad lingüística del sur de Europa estuvo influenciada por los imperios romano y otomano.

Europa del Este: Los países de Europa del Este utilizan principalmente lenguas eslavas. Entre ellos se incluyen el ruso, el polaco y el ucraniano. La región estuvo fuertemente influenciada por el pasado de la Unión Soviética, lo que convirtió al ruso en uno de los idiomas principales de Europa del Este.

El sur de Europa y América del Sur estuvieron muy influenciados por el colonialismo. El sur de Europa estuvo influenciado por la antigua Grecia y el Imperio Romano, mientras que América del Sur vio la expansión colonial de los españoles y portugueses. Debido a esto, las lenguas del sur de Europa y América del Sur contienen restos del Imperio Romano.

Por último, el latín alguna vez fue la lengua franca en Europa. Con la expansión del Imperio Romano, el latín se volvió común en toda Europa e influyó en las lenguas de los estados sucesores modernos del Imperio Romano. El latín todavía se utiliza hoy en día en campos como el derecho, la medicina, la terminología académica y religiosa.

Por último, como la India era una colonia británica, Gran Bretaña la influyó mucho. Esta influencia afectó a diversas áreas, incluidas la política, la sociedad, la economía, la cultura y el idioma. Durante el período colonial británico, se destacó el inglés como idioma de administración y educación en la India. Sigue siendo uno de los idiomas oficiales de la India hasta el día de hoy. Aunque existen numerosos idiomas regionales, el inglés sirve como idioma común de comunicación dentro de países con múltiples idiomas principales.

¿Qué pasaría si clasificáramos el inglés en indio, americano, británico y australiano?

El inglés indio, el inglés americano y el inglés británico tienen algunas diferencias según cada región y origen cultural. A continuación se explican sus principales diferencias.

Pronunciación y entonación

Inglés indio: el inglés indio a menudo tiene una pronunciación y entonación similares al inglés británico, pero ciertas pronunciaciones, entonaciones y algunos términos pueden tener características que provienen del trasfondo lingüístico y cultural de la India.

Inglés americano: el inglés americano a menudo puede tener una pronunciación y entonación diferentes a las del inglés británico. Hay ocasiones en las que se pone más énfasis en algunos elementos fonéticos y en la pronunciación.

Ortografía y vocabulario

Inglés indio: el inglés indio a menudo sigue la ortografía y el vocabulario del inglés británico, aunque algunos términos y ortografías pueden reflejar características lingüísticas o antecedentes culturales de la India.

Inglés americano: el inglés americano puede tener un vocabulario y una ortografía diferentes al inglés británico. Algunos términos y ortografía siguen las convenciones lingüísticas estadounidenses.

gramática

Tanto el inglés indio como el inglés americano se basan en las reglas gramaticales del inglés británico, pero puede haber algunas diferencias. En particular, puede haber diferencias en la estructura de la oración o el método de expresión.

Entonces, ¿la traducción debería realizarse de manera diferente dependiendo del inglés británico, americano, australiano e indio? Por supuesto, como enfaticé, al traducir un libro en general, es mejor traducirlo según el estilo lingüístico de una región o país específico. Por ejemplo, un libro traducido al inglés americano tendrá expresiones y entonaciones que serán más familiares y familiares para los lectores estadounidenses, y de manera similar, un libro traducido al inglés indio tendrá expresiones y antecedentes culturales que serán más apropiados para los lectores indios. Esto ayuda a los lectores a comprender el texto de forma más natural. Por lo tanto, puede ser necesario traducir libros para cada región, como el inglés indio, americano, británico o australiano, pero como el inglés es uno de los idiomas más utilizados en el mundo, traducir libros al inglés americano es internacional. entendido y aceptado, puede serlo. Especialmente en la comunicación global moderna, muchas personas aceptan el inglés como el inglés americano estándar. Por tanto, traducir libros al inglés americano no supone mayores problemas para otros angloparlantes.

Por lo tanto, si te sientes codicioso, sería una buena idea traducirlo al inglés y traducir India y Australia por separado si tienes tiempo. El autor vende todo en inglés americano. La adaptación lingüística y cultural es muy importante para la distribución de libros electrónicos en el extranjero. Debido a que el idioma está estrechamente relacionado con la historia y la cultura de una región específica, la traducción implica más que simplemente cambiar de idioma. Por ejemplo, el latín alguna vez se utilizó como lengua de aprendizaje y cultura en Europa, y también influyó en las lenguas de América del Sur y el sur de Europa. Esto puede resultar útil a la hora de traducir utilizando idiomas como inglés, francés, etc., incluido el latín.

Además, el fenómeno colonial tuvo un impacto significativo en el idioma. Por ejemplo, los países de habla inglesa establecieron colonias en varias regiones en el pasado, y este trasfondo histórico ha convertido al inglés en uno de los idiomas más hablados del mundo. Por lo tanto, el inglés puede considerarse uno de los idiomas más importantes en los trabajos de traducción para distribución en el extranjero. La traducción al inglés es esencial para llegar a lectores de todo el mundo.

Además, al realizar trabajos de traducción considerando diversos idiomas y culturas, se deben reflejar las características culturales de la región. Por ejemplo, durante el proceso de traducción se deben considerar cuidadosamente la jerga o los modismos utilizados comúnmente en una cultura en particular. El trabajo de traducción que tiene en cuenta los aspectos culturales puede aumentar la popularidad y el éxito de los libros electrónicos al proporcionar contenidos más vívidos y naturales a los lectores. Por lo tanto, el trabajo de traducción para la distribución en el extranjero debe realizarse considerando no sólo el idioma sino también los antecedentes históricos y las características del idioma y la cultura, lo que se convierte en la base para que los libros electrónicos operen con éxito en el mercado global. Cada vez que completes un capítulo, hazlo en alemán, inglés (inglés, EE. UU.), japonés, francés (opcional), India (opcional) y Sudamérica y sur de Europa (Puerto, Italia, España). Dado que América del Sur y el sur de Europa (antiguas colonias) utilizan el mismo idioma, también se pueden unificar en latín. El latín tiene el mismo significado que los caracteres chinos para los asiáticos. A menudo se utiliza como término común.

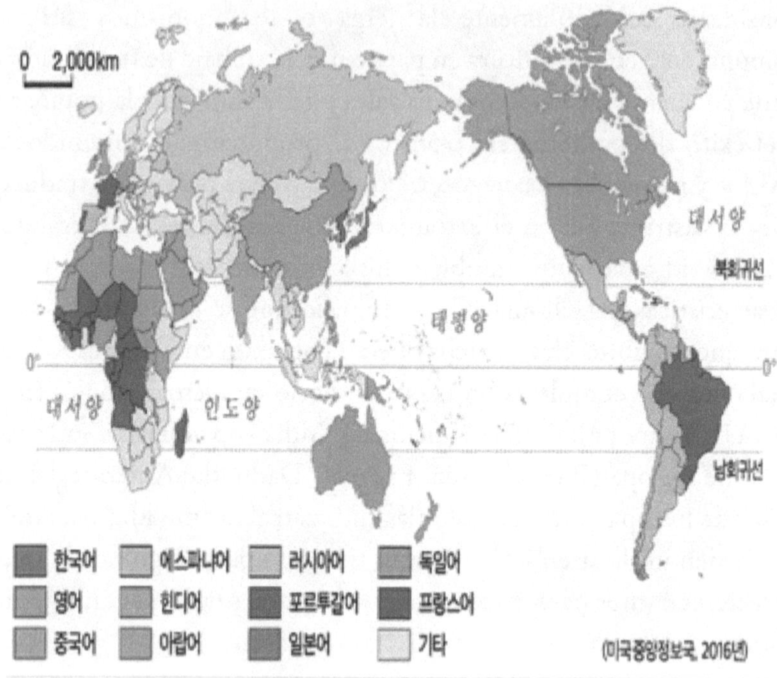

Mapa que muestra la proporción de idiomas en todo el mundo.

Inglés (incluido inglés americano, británico, indio y australiano)

Más de 2 mil millones de personas en todo el mundo hablan inglés. Averigüemos quién es bueno en inglés. En Europa, hay una mayor tendencia a que las personas no puedan hablar inglés desde el norte de Europa hasta el sur de Europa. A excepción de Europa del Este, que estuvo influenciada por la Unión Soviética, no hay problemas con la distribución en inglés en el norte de Europa. Dinamarca, Suecia, Finlandia y los Países Bajos son países que hablan bien el inglés. A continuación, Alemania y Francia hablan bien inglés, mientras que los países del sur de Europa como España, Portugal e Italia no lo hacen bien. El fenómeno de que las personas sean cada vez menos capaces de hablar inglés desde el norte de Europa hasta el sur de Europa puede explicarse por varias razones.

Debido a las diferencias en los sistemas educativos, los países nórdicos tienden a poner gran énfasis en la educación inglesa. Muchos países nórdicos incluyen el inglés en el plan de estudios a partir de la escuela primaria, y el inglés suele ser una materia obligatoria en el nivel de la escuela secundaria. Por otro lado, los países del sur de Europa a veces dan más importancia a otros idiomas. Debido a la diversidad lingüística, los países del sur de Europa tienen un trasfondo cultural que utiliza una variedad de idiomas. Por esta razón, la necesidad de inglés es relativamente pequeña. Adquirir otras lenguas europeas es una prioridad, especialmente en los casos en los que existen más fronteras lingüísticas. En cuanto a los factores culturales, los países del sur de Europa tienen un fuerte sentimiento de orgullo por su lengua y cultura nacionales. Debido a esto, el entusiasmo por aprender una lengua extranjera puede ser relativamente bajo y puede haber resistencia a aprender inglés. Por último, como factor económico, los países nórdicos son abiertos y el uso del inglés es común en los negocios internacionales y en las industrias turísticas. Por otro lado, los países del sur de Europa suelen ser más cerrados económicamente, por lo que hay menos necesidad de utilizar el inglés.

Español

Más de 500 millones de personas en todo el mundo hablan español, principalmente en España, países latinoamericanos y la comunidad hispana en Estados Unidos.

Chino (incluido chino estándar, chino simplificado y chino tradicional)

Más de 1.500 millones de personas en todo el mundo hablan chino. Se utiliza principalmente en regiones como China, Taiwán y Singapur, y su importancia a nivel internacional está aumentando debido al desarrollo económico de China.

hindi

Más de mil millones de personas en todo el mundo hablan hindi, y es uno de los idiomas principales de la India y se utiliza ampliamente como idioma nacional del país. Sería una pena pasar por alto el mercado indio como uno de los mercados BRICS.

Arábica

Más de 400 millones de personas en todo el mundo hablan árabe. Se utiliza principalmente en la cultura árabe y se utiliza como lengua oficial en los Estados Árabes Unidos y Oriente Medio.

Francés

Más de 200 millones de personas en todo el mundo hablan francés. Se utiliza principalmente en Francia, varios países africanos, Canadá y Bélgica, y era el idioma oficial de la FIFA cuando Francia era muy reconocida.

ruso

Tiene más de 200 millones de usuarios en todo el mundo. Es uno de los idiomas más hablados del mundo, principalmente el idioma oficial de la Federación Rusa, y se habla ampliamente en los países de Europa del Este. Además, el ruso se habla a menudo en los países vecinos y en los países de la antigua Unión Soviética.

Alemán

Tiene más de 100 millones de usuarios en todo el mundo. Se utiliza principalmente en Europa Central, incluidos Alemania, Austria y Suiza, donde ha sido adoptado como idioma oficial. Además, debido a la influencia histórica y cultural de Alemania, obras alemanas como la literatura, la filosofía y la música se traducen y difunden ampliamente por todo el mundo. Por lo tanto, el alemán es reconocido como uno de los idiomas de influencia internacional.

japonés

Más de 100 millones de personas en todo el mundo hablan japonés. Se utiliza principalmente en Japón y, como Japón tiene la tercera economía más grande del mundo, se reconoce como un idioma importante en los campos económico y tecnológico. Y se recomienda traducir los escritos de KOBO a plataformas semiinternacionales en Japón y Canadá.

Los chinos, rusos y árabes tienen una alta participación en el mercado global, pero como son países socialistas, hay muchos problemas fiscales o de vinculación de cuentas, por lo que es difícil crear una estructura de ganancias. Después de consultar con Rusia, recibí un correo electrónico solicitando el pago con cheque. Por lo tanto, si desea promocionar su libro en Europa del Este y Rusia, en lugar de obtener ganancias, puede considerar traducirlo al ruso. No es fácil visitar el sitio web de China directamente. Para empezar, no había ningún sitio pod y https estaba bloqueado. Al traducir y distribuir en Alemania, a menudo surgen solicitudes de traducción al latín. ¿Latín? Se dice que en Oriente es un antiguo carácter chino que actualmente es aprendido y utilizado sólo por la clase alta en Europa. Dado que muchos libros son leídos por las clases media y alta, creo que al menos se utiliza el latín.

Averigüemos la diferencia entre letras latinas y latinas. El latín era el idioma principal del Imperio Romano y se usaba ampliamente en obras escritas y literarias desde la antigua Roma hasta la Europa medieval. El latín todavía se utiliza hoy en día para algunos propósitos específicos en religión, derecho, medicina, ciencia y erudición. Por ejemplo, se utiliza como idioma oficial de la Iglesia católica y es parte fundamental de la terminología científica. Y la escritura latina (o escritura romana) es el alfabeto utilizado para escribir latín y es uno de los sistemas de escritura más utilizados en el Occidente moderno. Está formado por alfabetos y se utiliza en varios idiomas como inglés, francés, alemán, español e italiano. Se habla principalmente en idiomas de Europa occidental y meridional, pero también en Europa del este, Europa del norte y Estados Unidos. Es el alfabeto romano. Por tanto, si quieres convertir a caracteres romanos, te recomiendo este sitio.

http://roman.cs.pusan.ac.kr/

En lugar de utilizar un traductor de latín, búscalo por separado y escríbelo en letras latinas (alfabeto). Escribir en letras latinas es una lectura literal del Hangul. En sitios extranjeros, hay casos en los que el título y la descripción detallada no se pueden leer ni siquiera en un monitor. ???? La petición es escribirlo en letras romanas para evitar que aparezca así. Por ejemplo, la Universidad de Yale se pronuncia Yale cuando se escribe en letras romanas. Además, significa que Busan debería escribirse como Busan.

La grandeza del alfabeto latino (alfabeto romano) y del alfabeto cirílico ruso

En Corea, todos los nombres y direcciones de las carreteras utilizan letras latinas.

Fuente: Wiki Namu

https://namu.wiki/jump/
WiQRlq%2BRqEDYedGy1d7hEuokEdGKjVxxlsl61mlY%2BNVah5dJYBNo

[1]

Convertidor de direcciones de caracteres romanos a inglés para ser utilizado en varias plataformas POD en el extranjero, como Payoneer y PayPal, en el futuro.

https://www.jusoen.com/
addreng.asp?p1=%EB%84%A4%EC%9D%B4%EB%B2%84&key=address_e

[2]

Finalmente, analicemos la cultura y el idioma compartido de cada país, dividámoslo en elementos esenciales y opciones, y creemos una traducción.

---

1. https://namu.wiki/jump/

WiQRlq+RqEDYedGy1d7hEuokEdGKjVxxlsl61mlY+NVah5dJYBNoAdP5rWED37KjZ+6w

aHTJiS/uA86wtBTHoXFMXXcGWsNZ9TmQclqbZ7Y=

2.   https://www.jusoen.com/

addreng.asp\?p1=ë„¤'ë²„,&key=address_eng&u1=all&u2=08

- **Inglés (obligatorio)**/Estados Unidos, Canadá, Reino Unido, Australia (Nueva Zelanda), India, Norte de Europa

- **Japonés (obligatorio)**

- **Alemán (obligatorio)**

- **Español (obligatorio)**/ Común a Sudamérica y Sur de Europa

- Francés (opcional)

- Ruso (opcional)

- Portugués, italiano (opcional)

- Latín (opcional) / Toda Europa (clase alta), Sudamérica

- Coreano (opcional) / Inmigrantes extranjeros

Sin embargo, cuando la versión coreana se vende como libro en papel en el extranjero, hay casos en los que no se puede leer en la impresora de ese país. En este caso, la portada envuelta y las páginas interiores deben enviarse por separado o crearse en una página personalizada, que es un correo electrónico intercambiado con la plataforma alemana.

Re: [#605912] RE: 주의: 당신은 공무원입니까 주의 필요

보낸사람   DraftDigital 지원 <support@draftdigital.com>

2024년 7월 31일 (금) 오후 6시

안녕하세요

안타깝게도 현재로서는 인쇄 출판의 모든 언어를 수락할 수 없습니다. 출판을 지제 드려 죄송하지만, 다양한 서비스 제한을 우회하기 위해 필요할 경우라면 PDF를 제공하셔도 좋습니다.

다른 질문이나 도메, 지원이 필요한 업체든지 저에게 연락하십시오.

감사합니다

마릭스 
드래프트디지털

소셜 미디어에서 팔로우하세요!

이 7월 29일 (금) 오후 1:30, 최영환 <cyhshe12@naver.com> 다음과 같이 썼습니다.
안녕하세요.
한국어를 포함할 수 있는 실책이 없으신가요?
또는 한국어를 꺼야할 수 있도록 파일을 만들려면 어떻게 해야 합니까?

Este problema se produce debido a la imposibilidad de leer coreano en plataformas extranjeras. Sólo los libros en papel tienen este problema. Si se comunica con nosotros por correo electrónico y pregunta cómo enviar la cubierta personalizada envuelta y el papel interior, amablemente le informarán todo. Sin embargo, este método es de pago, por lo que sólo se recomienda para quienes estén dispuestos a gastar dinero.

Medio de traducción (Google, Papago, DeepL Amazon, IBM, Microsoft, Kakao)

Naver Papago

Límite de caracteres: se pueden traducir hasta 5000 caracteres / La traducción de documentos es limitada

Pagado/Gratis: Gratis

Traducción de imágenes: proporciona función de traducción de imágenes (con algunas limitaciones)

Traducir Kakao

Límite de caracteres: No se conoce límite (aunque las oraciones largas pueden estar limitadas en algunas funciones)

Pagado/Gratis: Gratis

Traducción de imágenes: proporciona función de traducción de imágenes

Traductor Papago AI (por Daily Factory)

Límite de caracteres: se pueden traducir hasta 10.000 caracteres

Pagado/Gratis: Gratis

Traducción de imágenes: proporciona función de traducción de imágenes (sin limitaciones)

Traducir la charla del genio

Límite de caracteres: No se conoce límite (aunque las oraciones largas pueden estar limitadas en algunas funciones)

Pagado/Gratis: Gratis (algunas funciones pueden ser pagas)

Traducción de imágenes: proporciona función de traducción de imágenes

Google Translate

Límite de caracteres: Sin límite / El documento se puede traducir

Pagado/Gratis: Gratis

Traducción de imágenes: proporciona funcionalidad de traducción de imágenes (con limitaciones)

Traductor de Microsoft

Límite de caracteres: sin límite

Pagado/Gratis: Gratis

Traducción de imágenes: proporciona funcionalidad de traducción de imágenes (con limitaciones)

Profundo

Límite de caracteres: Sin límite / Límite de servicio (número posible de veces gratis)

Pagado/Gratis: Gratis (la versión paga también está disponible)

Traducción de imágenes: proporciona función de traducción de imágenes (con algunas limitaciones)

Traductor de idiomas IBM Watson

Límite de caracteres: sin límite

Pagado/Gratis: Pagado

Traducción de imágenes: proporciona función de traducción de imágenes (con algunas limitaciones)

Traductor de Amazon

Límite de caracteres: sin límite

Pagado/Gratis: Pagado

Traductor de Google

Dado que está configurada en la misma página que la página creada con Word, si hay más letras en inglés, la fuente cambiará. Además, dado que la traducción está en formato de captura de imagen, resulta bastante inconveniente al convertir un archivo PDF a e-pub o nuevamente a Word. Si utiliza Google Translator para sus documentos, recibirá muchos rechazos por parte de plataformas extranjeras. Están llegando solicitudes para mantener constante la fuente de las letras.

Of course, people with good academic backgrounds quickly quit and take professional exams.

I was trying to say that people with high academic backgrounds studied level 9.

The reason is that it was very popular at the time and no one wanted to become a civil servant.

Because I was swept up in the mood and prepared for no specific reason, it took me several years to prepare.

I think the 'Hello everyone' resignation boom also happened at the same time.

do. After becoming a public official, the difference from private companies is that they become more and more

They play their own league. Of course, what office workers can receive is largely

There are only two. Promotion and compensation.

However, public servants are increasingly looking for value other than promotion.

I can't do it. From the outside, whether he is 9th grade, 7th grade, or 5th grade, he is just a ball.

It's just a muwon. Unfortunately, their top priority is the reward of promotion.

Apply to the system.

The reasons they want to get promoted are as follows:

1. The salary, which was only a small amount of money, goes up by a small amount.

2. You can do things through words rather than directly doing them.

3. Even though you are the boss, you don't take as much responsibility as you think.

Papago (limitado a 10 traducciones de documentos por mes)

Profundo

Tiene el mejor rendimiento y utiliza inteligencia artificial, pero la versión gratuita, no pro, es similar a Google o Microsoft.

traductor de microsoft word

Activa Word y ejecuta el traductor. A continuación, utilice el traductor de documentos de Papago para traducirlo al coreano, vuelva a verificar y continúe con la traducción. Este método es el más recomendado. La mejor manera, por supuesto, es utilizar servicios de traducción pagos. Pero cuesta bastante dinero.

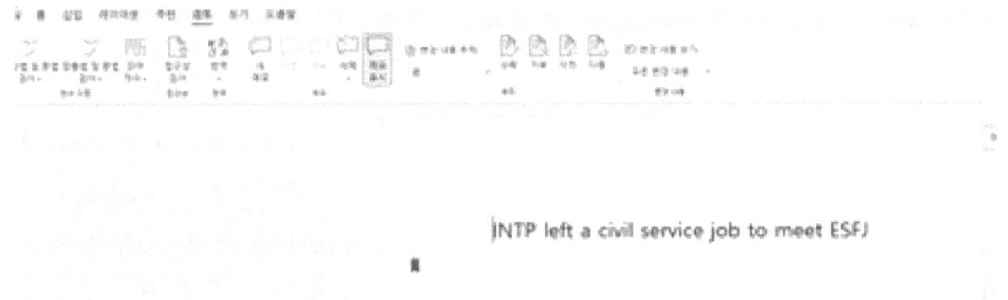

Recomendamos Microsoft + Papago o DeepL + Papago.

Personalmente, la forma más rápida es cambiar y verificar en Word. Si utiliza las plataformas anteriores de forma gratuita, una vez que haya completado cada capítulo en coreano, cree una versión traducida y péguela comenzando desde el capítulo 1. Incluso en las plataformas gratuitas hay un límite en el número de caracteres y el significado del texto es algo diferente si se traduce en su totalidad. Por tanto, es necesario completar un capítulo, ejecutar un traductor y comprobar si el significado del texto es correcto. Por supuesto, puede resultar inconveniente cambiar todos los archivos traducidos uno por uno durante el proceso de revisión, pero esto garantizará las mejores condiciones de traducción. Por lo tanto, aquellos que usan la versión paga o a quienes les molesta el hecho de revisar la versión traducida que comenzó con el Capítulo 1 no deberían considerar revisar la versión traducida. Aún así, es mejor que ejecutar un traductor por completo. Si traduces todo a la vez, hay muchos errores, sin importar qué traductor uses.

El primer borrador es una basura, pero escribámoslo bien.

2. Un medio para vender libros.

Para distribuir libros electrónicos, se deben considerar varios formatos de archivo. Los principales formatos de archivo son Epub y PDF, cada uno de los cuales tiene sus pros y sus contras. Para plataformas internacionales o extranjeras, se requiere e-pub, pero para plataformas nacionales, se puede distribuir como PDF. Sin embargo, si lo distribuye como un e-pub, se puede distribuir a más lugares, por lo que si decide distribuirlo en el extranjero de todos modos, es mejor utilizar la versión e-pub cuando lo distribuya a nivel nacional.

En primer lugar, Epub es uno de los formatos estándar para publicaciones electrónicas y tiene la ventaja de ser fácil de leer en múltiples dispositivos al admitir un diseño flexible y reflujo de texto. Además, Epub es popular porque puede brindar a los lectores una experiencia de usuario más rica que el contenido. e-pub incluye traducción, subrayado y resaltado, pero también tiene la función de redistribución antes mencionada, para que los lectores puedan ajustar libremente la fuente. Sin embargo, en el caso de los archivos PDF, puede haber limitaciones de diseño y formato, por lo que puede resultar difícil mantener un diseño o disposición específicos. Sin embargo, debido a que tiene un formato fijo, tiene la ventaja de facilitar la conservación de la disposición y el diseño del documento original. Por lo tanto, se utiliza principalmente para convertir libros o documentos con muchas imágenes o gráficos en libros electrónicos. Sin embargo, PDF también tiene la desventaja de que el documento puede ser difícil de leer dependiendo del tamaño de la pantalla y puede requerir acercar o alejar el zoom en pantallas pequeñas.

Además, en el caso de Epub, existen dos versiones, la 2.0 y la 3.0, siendo la 3.0 una versión más avanzada en cuanto a seguridad y funcionalidad. Por lo tanto, puede pensar que usar la última versión de Epub puede ser más eficiente, pero las plataformas internacionales e internacionales a veces no son compatibles con e-pub 3.0. Actualmente, la 3.0 es la última versión y las plataformas famosas venden cada dispositivo (dispositivo que puede leer e-pub) por separado, pero algunos dispositivos aún no son compatibles. Por lo tanto, recomiendo hacerlo 2.0 si es posible. En el futuro, todo cambiará a 3.0, pero por ahora, la versión inferior, 2.0, es de uso común.

Y también se deben considerar los formatos de archivo como Word, Odt, etc. Este formato se utiliza principalmente para crear documentos originales y se requiere trabajo adicional para convertirlo en un libro electrónico.

Al considerar estos formatos de archivo, el medio de libro electrónico debe seleccionarse considerando los pros y los contras de cada uno y el uso apropiado. A través de esto, se puede brindar una mejor experiencia de usuario a los lectores y se puede utilizar de manera efectiva para la distribución y promoción de libros electrónicos.

Echemos un vistazo al Kindle de Amazon. Amazon Kindle utiliza un formato llamado Kindle Format 8 (AZW3). Este formato está optimizado para funcionar mejor en dispositivos Kindle y ofrece redistribución de texto, ajuste automático y funciones más completas. Además, Amazon proporciona herramientas como Kindle Create para crear y editar libros electrónicos fácilmente, por lo que incluso si no conoces Sigil, puedes usar este programa para crear archivos e-oub. Al utilizar Amazon Kindle, se recomienda utilizar archivos con la extensión kdf. A continuación, existen programas que pueden crear pubs electrónicos, que se clasifican en cuatro categorías.

Creación de archivos e-pub y KPF con Amazon Kindle

Cuando trabaje con el sitio de Amazon KDP, recomendamos cargarlo utilizando un archivo KPF creado con Kindle Creator. Es tu elección, pero cuando uso Amazon, lo subo a KPF. Por supuesto, están disponibles Epub, PDF y KPF.

Es un programa creador que es fácil de aprender a medida que lo usas. Personalmente, creo que es tan fácil como el e-pub creado por U-Paper. Cuando haya terminado y presione exportar, puede convertirlo a KPF o e-pub como se muestra arriba. Sin embargo, cuando se convierte a epub y se inserta en el lector de epub, algunas partes están rotas, por lo que debes corregirlas una por una mientras miras el lector.

El lector de epub se puede descargar fácilmente de Internet y abrir archivos de e-pub.

lector de libros electrónicos freda

Página detallada donde puedes descargar Amazon Kindle Creator

Crear un e-pub con codificación de sigilos

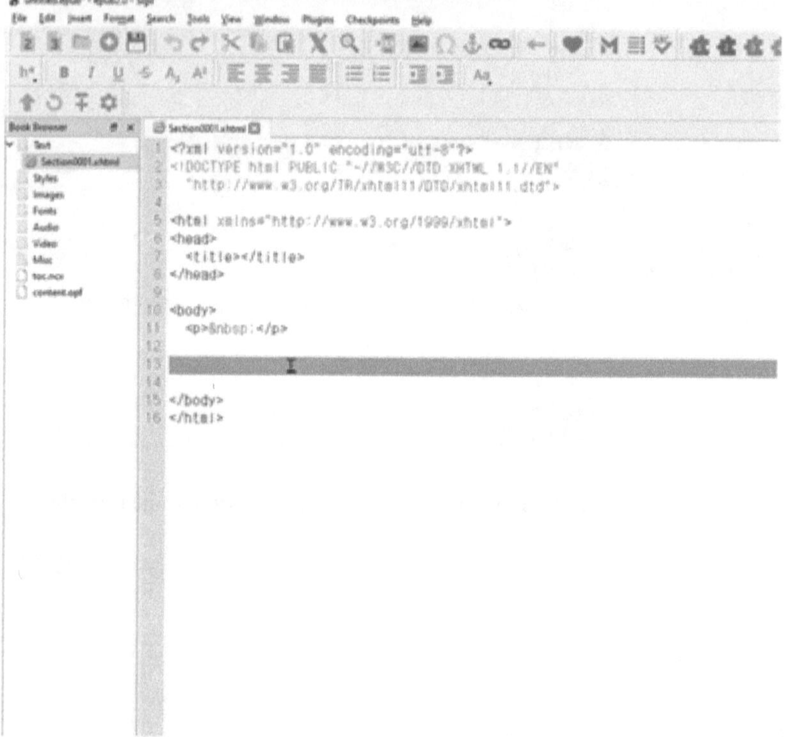

Este método requiere algunos conocimientos del lenguaje de codificación. Como no sé usarlo recomiendo hacer algún curso o seguir las instrucciones de varios blogs para hacerlo. Creo que este método es el más confiable.

Dónde aprender sigilo:https://cafe.naver.com/ebookstylist

Crear un e-pub usando U-Paper

El orden de dificultad es Amazon > U-Paper > Sigil. Si no puedes decidirte, utiliza la conversión. Sin embargo, si utiliza una transformación, no podrá editarla. de este modo**Después de la conversión, es recomendable volver al paso 3 y realizar correcciones.**

uPaper
WTF left a civil service job to meet ESFJ
Sind Sie Beamter
243

Usando el convertidor con el programa Word
El doctor Slater es el mejor.
https://convertio.co/kr/doc-epub/

EZ PDF Editor 3.0 y PDF inteligente no tienen una función de conversión de Word a e-pub. Sólo es posible la conversión de PDF a e-pub. Y dado que muchos de los archivos internos están reorganizados, si usa sigil o tiene dificultades para usar el editor de e-pub proporcionado por U-Paper, la integridad del e-pub se reducirá solo con este método.

pdf inteligente:https://www.cleverpdf.com/kr

al pdf:https://altools.co.kr/product/ALPDF

Por último, no utilice Hancom. Todas las plataformas nacionales pueden cargar, pero Hancom no se utiliza en absoluto en plataformas internacionales. Le recomendamos que escriba el texto en Word y luego cree un PDF o e-pub. Amazon Kindle también se puede importar a Word y convertirlo en KPF o e-pub. Como referencia, la plataforma más grande de Rusia, los litros, prefiere odt a word.

Los lugares donde puedes aprender e-pub a través de cursos detallados incluyen Penlib, Infrun y Fast Campus. Penlip atrae gente ofreciendo clases gratuitas sin conexión en Naver Cafe. Actualmente no existe ninguna plataforma de conferencias en línea relacionada con la producción de pubs electrónicos en Corea. Sin embargo, las plataformas de conferencias en línea en diversos campos ofrecen conferencias relacionadas con la producción de pubs electrónicos. A continuación se muestran varias plataformas nacionales de conferencias en línea que cubren contenido relacionado con la producción de pubs electrónicos.

Infrun es una plataforma nacional que ofrece conferencias en línea sobre una variedad de temas, en diversos campos como publicación, diseño, programación y marketing.

https://www.inflearn.com/

Fast Campus es una plataforma que ofrece conferencias en vivo en línea sobre una variedad de temas, incluidas conferencias sobre publicación, diseño y marketing.

https://www.fastcampus.co.kr/

Dado que los e-pubs requieren cierto conocimiento de lenguajes de codificación básicos, a menudo se encuentran dentro de plataformas de conferencias donde los desarrolladores aprenden.

3. Modificación del archivo PDF para venta de portadas de libros y libros en papel.

Si creó un libro utilizando una plataforma POD nacional (Bookuk, Book Lab, U-Paper, etc.), debe comprar una portada pagando una tarifa o diseñarla usted mismo. La portada del libro es un elemento directamente relacionado con la tasa de conversión de compra, por lo que es muy importante. Por lo tanto, las plataformas POD que manejan libros en papel a menudo fomentan las compras pagas mientras se crean libros. Por ejemplo, para que Bookq tenga la distribución externa como una de sus estructuras de ganancias, se debe comprar una portada paga o vender más de 10 copias en la plataforma Bookk. (Puedes comprar 10 libros tú mismo).

El precio de la portada oscila entre 80.000 y 200.000 wones, por lo que debes elegir entre crear tu propio diseño, comprar 10 volúmenes y distribuirlos externamente o comprar una portada paga. Creo que la mayoría de la gente comprará fundas pagas. En primer lugar, el grosor de la funda es diferente entre las fundas de pago y las gratuitas, y las fundas de pago también son de fácil acceso. Por otro lado, Booklab puede verse como similar a Bookuk en el sentido de que para poder distribuir externamente, debes recibir servicios como diseño en tinta o revisión de manuscritos al menos una vez.

Por otro lado, las plataformas internacionales que manejan libros en papel no pueden crear portadas gratuitas a excepción de Amazon. Y Amazon también puede crear portadas pagas, y la mayoría de las plataformas que manejan libros en papel permiten compras pagas. Si haces la portada de un libro en una plataforma nacional, tienes que venderla en una plataforma internacional o en el extranjero, pero es difícil vender una portada de libro hecha en coreano. Por lo tanto, asegúrese de cambiar el diseño y la fuente al inglés u otros países. Los lugares donde puedes editar el diseño son los siguientes.

Canva: Canva es una plataforma que proporciona una interfaz fácil de usar y varias herramientas de diseño para portadas de libros y otros trabajos de diseño gráfico. Puede utilizar funciones básicas de forma gratuita y se pueden utilizar funciones adicionales a través de una membresía paga.

https://www.canva.com/ko_kr/

Adobe Spark: Adobe Spark es una plataforma que facilita la creación de diseños de calidad profesional, ofreciendo una variedad de plantillas y herramientas. Se puede utilizar de forma gratuita.

https://www.adobe.com/kr/express/

MiriCanvas es una plataforma de diseño en línea que te permite realizar portadas de libros y otros trabajos de diseño gráfico. Se puede utilizar de forma gratuita.

https://www.miricanvas.com/

Utilizo principalmente lienzo por adelantado. Los usuarios domésticos tienden a usar más Canva, pero Canvas tiende a ser más intuitivo al diseñar con anticipación. Para aquellos que quieran ir más allá de este tipo de diseño, hay herramientas de Photoshop e Illustrator disponibles, por lo que si no tienes las habilidades, puedes hacer una portada de bastante calidad preguntándoselo a un conocido.

Actualmente, se distribuye en el extranjero como se indicó anteriormente. Hay muchas plataformas locales en el extranjero que distribuyen portadas o servicios pagos dentro de la plataforma (diseño de interiores, revisión de manuscritos) al exterior sin cobrar ninguna tarifa, por lo que no debe preocuparse. Y para quienes les resulta difícil cambiar al inglés o al idioma de cada país usando una plataforma de diseño, pueden adquirirla y utilizarla si conectan un servicio financiero internacional (PayPal o Payoneer) a una plataforma que maneje libros en papel (Amazon, D2D, Bookedición, etc.). Además, cada plataforma requiere un formato de archivo diferente (jpg, png, pdf). Lo más importante es que, dado que el formato de portada para cada sitio es diferente, el tamaño (no el tamaño de la capacidad) se requiere de manera diferente, por lo que al menos debes saber cómo cambiar el tamaño (ancho 1600 px o más, etc.). Además, cuando se venden libros en papel, la encuadernadora utilizada para cada plataforma es diferente. Dependiendo de la configuración de los márgenes y del tamaño externo del PDF (A4, A5, carta, etc.), el texto del PDF cargado puede cortarse al encuadernarse, por lo que también debe saber cómo convertir el tamaño del PDF (no el tamaño del archivo, PDF). dimensiones internas).

Es fácil de usar en pdf. Haga clic en Imprimir y cambie la configuración de la impresora. Podrás convertir el tamaño del papel al tamaño deseado según cada plataforma. Dado que Amazon produce archivos utilizando el Kindle antes mencionado, no hay necesidad de pasar por la molestia de cambiar el tamaño del papel del archivo. Sin embargo, las plataformas que manejan los libros en papel restantes (excluidas las plataformas D2D) le solicitan que los cambie y los cargue uno por uno. La plataforma de D2D tiene una excelente interfaz y condiciones de trabajo que permiten a los usuarios utilizarla cómodamente, por lo que no hay de qué preocuparse.

Si no cambia el tamaño del papel, es difícil utilizar POD porque las encuadernadoras de libros de papel son diferentes para cada plataforma. Se utilizó una plataforma como ejemplo.

https://pothi.com/print-book-interior-specification

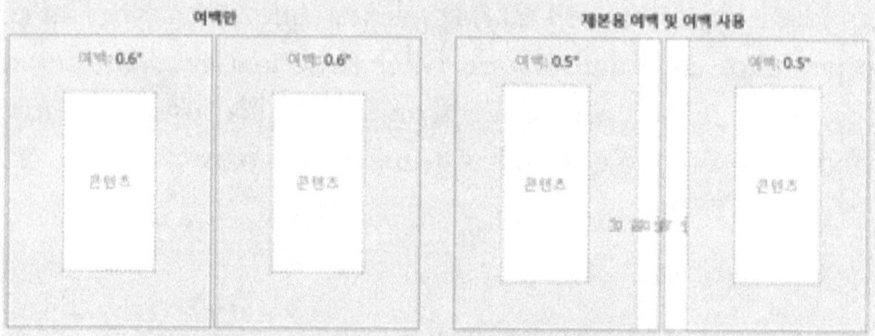

- Pothi de plataforma india -

4. Problemas fiscales en el extranjero y problemas con la vinculación de cuentas

Países que tienen tratados fiscales con nuestro país y países que no

Un país socialista es difícil. La plataforma rusa está bien establecida y puede distribuirse incluso en las bibliotecas más grandes de Rusia. Sin embargo, no hubo tratado y Corea enfrentó una situación en la que las exportaciones y el comercio se vieron cortados debido a la guerra entre Rusia y Ucrania. Entonces, después de consultar con la plataforma, recibí un correo electrónico pidiéndome que lo recibiera mediante cheque. Si registra su libro en Rusia (litros), puede cargar su libro electrónico distribuyéndolo a todos los países de Europa del Este. Esto se debe a que Europa del Este estuvo influenciada por la Unión Soviética. Utilizando la plataforma de Países de Europa Occidental, Polonia es el único país de Europa del Este donde se distribuye. Sin embargo, si se distribuye en Rusia, el libro electrónico también se distribuirá en Hungría, la República Checa, Eslovaquia, Eslovenia y Croacia. En particular, la República Checa es un país donde la gente lee muchos libros electrónicos y tiene una baja tasa de analfabetismo, por lo que si el propósito es publicidad y no simplemente ganancias, es necesario distribuirlos a la República Checa.

En el caso de Polonia, al estar cerca de Europa Occidental, se confirmó que también acude a la plataforma alemana. Asimismo, América del Sur (Brasil, Argentina, Chile, etc.) está muy relacionada con Portugal y España porque fue colonia del sur de Europa. Hay muchas plataformas que están interconectadas, por lo que es posible distribuir a Brasil a través de una plataforma del sur de Europa, pero requiere una tarifa. Por lo tanto, si encuentra una plataforma brasileña gratuita y se registra, podrá distribuir libros electrónicos a grandes bibliotecas regionales del sur de Europa y Brasil. Sin embargo, si la cuenta no usa PayPal y está en la Eurozona, el cobro se puede realizar a través de Payoneer, pero esta plataforma solo utiliza bancos regionales de Brasil como cuentas receptoras. Por lo tanto, si tienes una cuenta bancaria en Brasil, puedes realizar transacciones de cambio de divisas con un banco coreano.

https://clubedeautores.com.br/

(Solo se aceptan cuentas brasileñas).

A continuación, me gustaría explicar PayPal y Payoneer, que utilizan todas las plataformas internacionales.

PayPal VS Payoneer: utilice ambos.

La participación de mercado de PayPal es alta en todo el mundo, pero Payoneer está aumentando rápidamente su participación de mercado gracias al rápido seguimiento de PayPal. Amazon en Estados Unidos utiliza Payoneer. Sin embargo, la mayoría de los países europeos tienen más PayPal. Así es como conectar Payoneer y la plataforma.

Al registrarse en Payoneer, existe un proceso para conectarse con un banco comercial en Corea, que demora de 2 a 3 días. Está bien configurar primero una cuenta receptora antes de conectarse a un banco comercial. La cuenta receptora se refiere a una cuenta virtual en cada país.

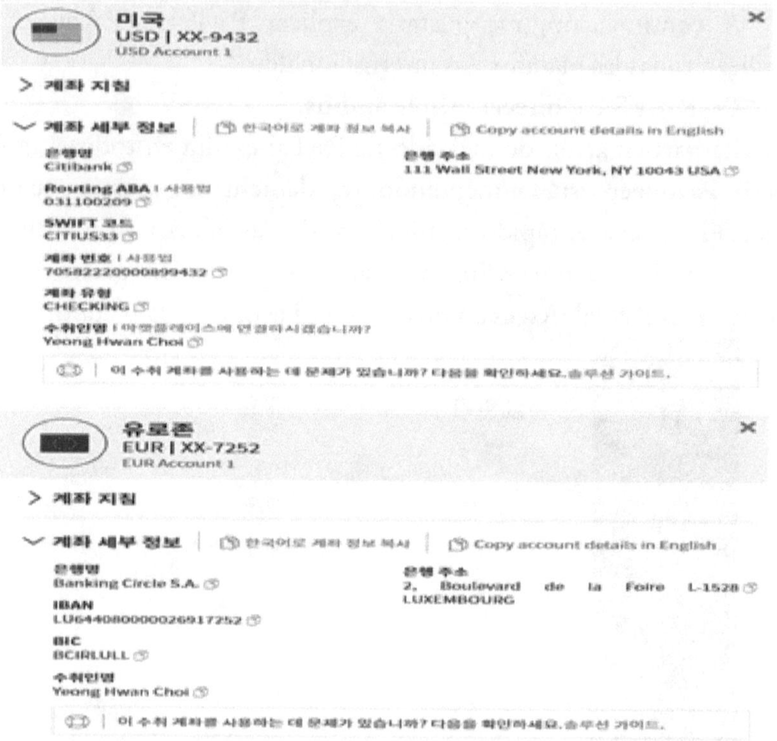

Si hace clic en la cuenta receptora, puede crear cuentas en 5 países diferentes. Están Estados Unidos, la eurozona, Australia, el Reino Unido y Japón. Se dice que Canadá lanzará el servicio pronto. En 5 segundos, el banco se configura automáticamente y me da una cuenta. Hay tres contenidos importantes que se utilizarán en los detalles de la cuenta en el futuro: código rápido, número de cuenta y número de ruta. En cambio, en la Eurozona puedes conectarte introduciendo dos valores, IBAN y Bic, en cada plataforma. Esto completa la vinculación de la cuenta.

La ventaja de Payoneer es que, además de completar una cuenta, también puedes configurar un acuerdo directamente con nuestra plataforma.

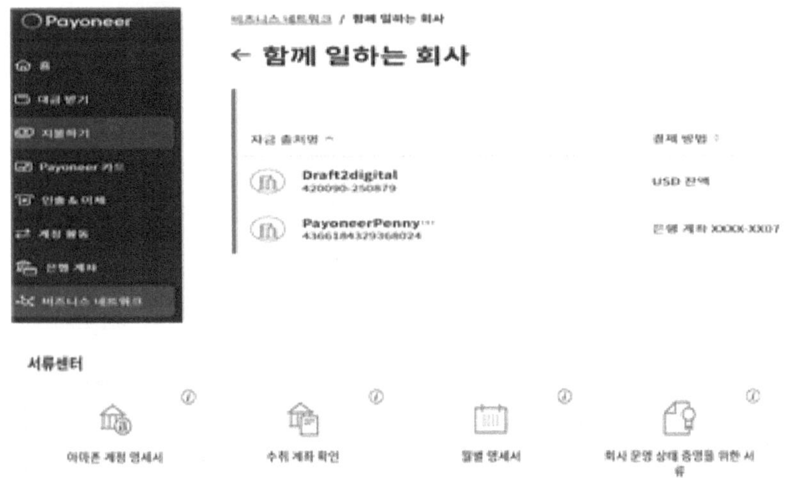

Si te registras como una empresa que trabaja en conjunto de esta manera, también existe una manera de que el dinero se deposite automáticamente a través de Payoneer. Luego, para conectarse a un banco comercial en Corea, haga clic en la cuenta bancaria y luego seleccione la cuenta bancaria de retiro.

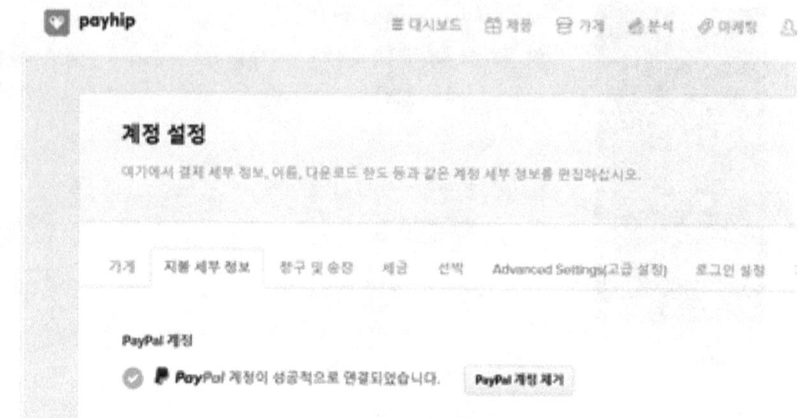
payhip
대시보드   제품   가게   분석   내계정
계정 설정
대가에서 결제 세부 정보, 어튬, 다운로드 한도 등과 같은 계정 세부 정보를 편집하십시오.
가게   지불 세부 정보   청구 및 송장   제금   선박   Advanced Settings(고급 설정)   로그인 설정
PayPal 계정
PayPal 계정이 성공적으로 연결되었습니다.   PayPal 계정 제거

Cómo conectar PayPal y la plataforma El correo electrónico es importante. Después de registrarse en PayPal, se necesitan entre 2 y 4 días para conectarse a un banco comercial en Corea. Sin embargo, hasta que no sea aprobado no podrás configurarlo con cada plataforma, por lo que tendrás que esperar. Una vez conectado, haga clic en Usar PayPal en cada plataforma. Luego, hay un espacio en blanco para ingresar su correo electrónico. Si ingresa la dirección de correo electrónico que creó al registrarse en PayPal en el espacio en blanco, se vinculará a PayPal en 3 segundos. Nueve de cada diez veces la conexión es automática, pero si tienes algún problema, se te ha enviado un documento enviado desde PayPal a la dirección de correo electrónico con la que te registraste, para que puedas conectarte a través del enlace. Es un método más intuitivo que Payoneer, por lo que no es necesario ingresar números de ruta, códigos rápidos y números de cuenta uno por uno. Sin embargo, debido a que es tan intuitivo, ¿está esto relacionado? Tengo este sentimiento. Cada plataforma te notificará que ha sido vinculada, para que no tengas de qué preocuparte.

El método de conexión es el mismo que el de Payoneer. En muchos sentidos, PayPal todavía presta servicios en más países y su uso es más intuitivo.

Análisis de leyes y tasas tributarias por país.

Si bien hay lugares donde usted mismo firma un contrato, las plataformas internacionales (excluyendo Apple), como Google y Amazon, le permiten proceder verificando dentro de la plataforma. Para Apple, todo lo que tienes que hacer es ir a iTunes Business, descargar los documentos uno por uno y agregarlos como archivos adjuntos. Continuaremos analizando el documento WB8BN, que es el tratado fiscal entre Corea, Estados Unidos y la eurozona. El tratado fiscal wn8 estipula tasas impositivas y tasas de reducción de impuestos para diversos tipos de ingresos (por ejemplo, derechos de autor, regalías, intereses, dividendos, etc.). Este es un documento que generalmente determina cuánto impuesto se puede retener en el primer país y cuánto impuesto adicional se puede imponer en el segundo país. Retener impuestos significa deducir o imponer impuestos sobre los ingresos cuando se obtienen en el primer país. El tratado fiscal wn8 también tiene como objetivo evitar la doble imposición estipulando tipos y condiciones de retención. También existe un procedimiento de resolución de disputas que siempre aparece en el contrato, por lo que no hay gran problema si no lo lees, pero recomiendo traducirlo y verlo al menos una vez. Debido a un problema con las transacciones financieras internacionales, hay lugares donde es difícil declarar impuestos en ese país incluso si te conectas con Payoneer o PayPal. En los países desarrollados (Europa occidental, América del Norte, Japón), la vinculación de cuentas (PayPal, Payoneer) y la declaración de impuestos están mejor estructuradas dentro de la plataforma. En otras palabras, India, el norte de Europa, América del Sur y el sur de Europa tienen plataformas relativamente insuficientes.

Correo electrónico recibido desde India (India utiliza la ley de prevención de doble imposición y PAN).

En India, "FAN" significa "Número de autenticación de lector" (PAN: Número de cuenta permanente). Se trata de un número de identificación único utilizado por personas, empresas u otras entidades en la India con fines de identificación y declaración de impuestos, y se asigna en virtud de la Ley de Impuestos de Importación y es obligatorio para todas las declaraciones de impuestos y transacciones financieras relacionadas. Este número, que consta de 10 caracteres alfanuméricos, indica que una persona o entidad está registrada ante las autoridades fiscales de la India y se utiliza para pagar y declarar diversos impuestos, incluido el impuesto sobre la renta, el impuesto sobre servicios y el impuesto al valor agregado (IVA). Parece difícil para los ciudadanos no indios obtener uno.

Capítulo 4. Según el establecimiento de la estrategia de marketing en el extranjero.

Cómo construir una red de distribución

Establecimiento de estrategias de marketing personalizadas para cada país.

Mientras explicaba la historia europea, enfaticé que los libros que vendía debían ser similares a la cultura del otro país. Sobre todo, la traducción es fundamental y los libros que se venden difieren según la cultura de cada país. Por eso es importante cómo configurar su número de lectores. Se divide en escritos informativos, ensayos y novelas, pero en mi opinión, los escritos informativos son los más aceptables. Las novelas y los ensayos tienen una sensibilidad que sólo ese país persigue. Sin embargo, no importa si el contenido está bien redactado. Tengo un libro escrito sobre MBTI o los funcionarios coreanos, pero los más vendidos entre los dos son diferentes. Los funcionarios coreanos también venden libros electrónicos en coreano porque los coreanos que viven en el extranjero a menudo los compran por curiosidad. Y como MBTI también era popular en Estados Unidos, no lo es en Europa, excepto en Norteamérica y Canadá. Por lo tanto, es importante determinar cómo dirigirse a los lectores según el tema.

Diferencia entre plataformas internacionales y locales

En el caso de una plataforma internacional, no importa cuán bueno sea el contenido, cada día se cargan decenas de miles de libros electrónicos y en papel. Por lo tanto, si no utiliza marketing pago, es difícil ver mucho efecto. Hay muchas traducciones de mala calidad que incluso se pueden hacer en 5 minutos usando IA. Por lo tanto, es demasiado difícil para las plataformas internacionales convertirse en bestsellers porque han perdido parte de la confianza de los clientes. Por lo tanto, las regalías son mayores cuando utilizas la plataforma local de ese país. Para explicar de antemano la diferencia entre la plataforma internacional y la plataforma local explicada en el Capítulo 5, es lo mismo que Naver en Corea. Aunque está catalogada como una gran empresa, Naver no se utiliza en el mundo. Sin embargo, en Corea es un motor de búsqueda muy utilizado y una plataforma que contiene muchos elementos como compras y blogs. Asimismo, esto significa que existen plataformas locales que son famosas en cada región y sitios designados que la gente de esos países utiliza para ver libros. Por tanto, en lugar de competir con numerosos libros electrónicos en plataformas internacionales, conviene abrir un canal de venta a través de plataformas locales famosas en cada país.

Aprovechar las redes sociales y la publicidad digital.

Si eres un influencer y tienes muchos seguidores o suscriptores en cualquier plataforma, como Instagram, YouTube, Facebook, Reddit, etc., también te tratarán bien en las plataformas internacionales. Los costes de marketing se fijan de forma relativamente económica.

Cooperación con editoriales locales y redes de distribución de libros.

Si no tiene la capacidad de ejecutar un contrato enviando un correo electrónico, no lo haga. De hecho, puede realizar consultas por correo electrónico o llamadas telefónicas internacionales. Creo que Oceanía, el Reino Unido o Japón serían adecuados.

Regiones donde las regalías por libro son más altas que las tasas de venta de libros

Tarifa fija (regiones donde los libros se venden a precios elevados y regiones donde no)

En los países europeos, el costo de vida es generalmente alto y los consumidores tienen un alto poder adquisitivo, por lo que los precios de los libros son relativamente altos. Estados Unidos y Canadá son países con grandes industrias editoriales y economías desarrolladas, pero pueden considerarse un poco más baratos que Europa. Australia y Nueva Zelanda en Oceanía tienen el costo de vida más alto y, por lo tanto, los precios de libros más altos. En el caso de América del Sur, es difícil presentar una tendencia general porque la situación económica varía de un país a otro, pero los precios de los libros parecen algo más baratos.

Los países asiáticos son muy diferentes y los precios en el resto de mercados excepto Japón no se consideran muy caros.

Obtenga ganancias de los tipos de cambio

Por ahora, el euro está bien. Dado que los dólares estadounidenses y canadienses son baratos, es mejor apuntar a Alemania, y hay muchas plataformas locales que los distribuyen. Ahora, estudiemos el tipo de cambio. El dólar es un activo seguro, pero el euro fluctúa mucho respecto al dólar. Por lo tanto, en realidad obtienes una ganancia por tipo de cambio dependiendo de cuándo lo vendes. Las ganancias del cambio de moneda no están sujetas a impuestos, por lo que no es mala idea estudiar. Por supuesto, sólo se pueden utilizar cantidades muy grandes de dinero para obtener ganancias en divisas, pero no creo que sea mala idea seguir acumulando euros o dólares. Personalmente, creo que sería mejor utilizar el euro para obtener beneficios. En pocas palabras, puede considerarlo como la diferencia entre las acciones y los cosméticos coreanos. Es arriesgado porque el mercado interno es muy volátil, pero puede generar grandes ganancias. Incluso si hay un límite de precio superior e inferior, cuanto más volátil sea el mercado, mayor será la pérdida, pero no es malo para obtener ganancias. Aunque es difícil predecir la volatilidad de los tipos de cambio, es muy fácil de vender.

Cómo las portadas de libros afectan las ventas

Así como hemos escuchado que la tasa de conversión de compra varía según el cartel de la película, las portadas de libros son un elemento muy importante que está directamente relacionado con las ventas. Hagámoslo grandioso haciendo referencia a la introducción de la plataforma de diseño de contenido mencionada en el Capítulo 3. Es natural cambiar el título de un libro en el idioma de cada país, y debes estudiar la cultura de cada país y redactar el título de manera diferente en lugar de usar expresiones coreanas.

Por lo tanto, las portadas de los libros deben diseñarse estudiando la idoneidad del lenguaje y la expresión, los mensajes apropiados a las situaciones culturales, la comprensión de los intereses locales y la sensibilidad social y cultural para aumentar las tasas de conversión de compras. Puede que funcione en Corea cuando se extienda la moda del MBTI, pero no se puede vender en África cuando nadie está interesado en MBTI. Cada país o cultura tiene sensibilidades sociales y culturales específicas. Por lo tanto, tenga cuidado de no cruzar temas delicados o fronteras culturales y elija un título que suscite interés. Esto puede mantener la confianza de los lectores y aumentar las tasas de conversión de compras. Si le resulta difícil, pregúntele a Chatgpt: "Estoy planeando vender un libro que contenga este tipo de escritura en Italia, así que escriba (en italiano) un título para el libro que despierte la curiosidad de la gente y aumente la tasa de conversión de compra de una manera". eso se adapta a la cultura de ese país.'Hagámoslo. En ese caso, el método de marketing para vender en el extranjero sólo difiere de las características culturales de cada país, pero la estrategia de marketing para tratar con los clientes es similar en todas partes. Si tuviéramos que condensar el método de marketing para vender bien a los clientes en dos partes con un título y una página detallada, quedaría de la siguiente manera.

Título que llama la atención.

La redacción de títulos es importante. A diferencia de los libros coreanos, es bueno si está escrito de una manera que despierte curiosidad según la cultura del país, o si está escrito de una manera que contradiga las normas sociales. Como, "Estoy pasando por un divorcio mientras estoy tomado de la mano".

Página detallada (sección de introducción del libro)

Preguntas que inducen a la curiosidad Presentamos una situación que debe resolverse en forma de pregunta e introducimos un método para revelar la solución. Estimulemos la imaginación de nuestros clientes. Hablamos del área de persuadir emocionalmente a los clientes y animarlos a imaginar el futuro que desean. (Resolver deficiencias. La gente intenta resolver su insatisfacción primero en lugar de hacer un progreso positivo. Por ejemplo, la sensación positiva de recoger 10.000 wones en la calle no dura mucho, pero si pierdes 10.000 wones del bolsillo de tu pantalón, te sentirás una sensación de pérdida. Por lo tanto, si es un libro que alivia los inconvenientes, asegúrese de escribirlo en la sección de introducción, diciendo: "¡Si lees este libro, podrás resolver este problema!"

Démosle persuasión lógica. Presentar credenciales para ayudar al cliente a tomar una decisión proporcionando razones lógicas y evidencia (es mejor incluir números específicos. Este es el paso para persuadir lógicamente al cliente. Usémoslo para convencerlo de por qué es posible una solución).

Incluyamos texto que enfatice las características y beneficios.

Escriba un texto que resuene entre los clientes presentando oraciones que expliquen características y beneficios concisos (presentemos las ventajas de este libro que no solo resuelven las deficiencias sino que también brindan estos beneficios).

Presentemos las historias de éxito de otros usuarios.

Introducción a la prestación de pruebas sociales mediante la presentación de reseñas y recomendaciones de clientes (sería bueno tener reseñas como prueba de que muchas personas leyeron este libro y tuvieron éxito, pero es difícil, así que adjunte algo que pueda probarlo. Si se vende bien en Corea, Vayamos a un sitio coreano y escribamos para ver las calificaciones y reseñas).

último efecto de emergencia

Este es un libro que mucha gente ya quiere, así que no es necesario que lo leas. Agreguemos un efecto de emergencia inteligente. Las personas son criaturas naturales que quieren hacer algo más cuando se les dice que no lo hagan.

Capítulo 5. Establecimiento de una red de distribución en el extranjero.

(Elección de plataforma y regalías)

Si ha seleccionado lectores según el tema de su libro y ha desarrollado su propia estrategia de marketing, elija la plataforma adecuada.

De Corea, método de vaina La división de las plataformas que se pueden producir por la diferencia en ISBN es la siguiente. (alto, bajo contenido)

1) Libros (Bookk, U-Paper, Kyobo Book Center, Book Lab)

Puede elegir el método POD de la Librería Kyobo, pero tenga en cuenta que si el libro se crea en la Librería Kyobo, la distribución externa no es posible.

2) Kmong, Wadiz, Tumblbug, KTI, etc.

Todo lo que necesitas hacer es Bookc y U-Paper. Cuenta con todas las estructuras de distribución mencionadas anteriormente. Alternativamente, recomiendo Booklab + U-Paper. Dado que la estructura de ganancias no se logra abriendo un sitio como Shopify y mostrando y vendiendo productos, es importante elegir una plataforma con buenas perspectivas en el futuro. En otras palabras, la estructura de ganancias sólo se puede lograr si se mantiene la plataforma. La mejor manera es hacerse famoso y abrir su propia tienda. Sin embargo, como todavía no somos famosos, estamos creando una estructura de distribución externa utilizando el método POD. Por tanto, se puede interpretar como una recomendación para recomendar Bukk, una plataforma con buenas perspectivas, frente a otras plataformas. Actualmente estamos asociados con la gran corporación Kakao.

Historia del brunch

En ese momento, escribí una publicación en el blog de Naver sobre mi aceptación en Kakao Brunch Story.

Cualquiera puede publicar un libro a través de la plataforma Bookq. Publiqué hasta el volumen 2 en formato pod a través de esta plataforma, y mientras escribía el manuscrito para el volumen 3, de repente recordé la historia del brunch. Cuando dejé mi trabajo, intenté convertirme en escritor de brunch, pero desafortunadamente, recordé los mensajes de texto que recibí de varias grandes empresas cuando tenía 24 años y que decían que no podían contratar a un escritor. Entonces, esta vez hice clic en la solicitud de escritura a la 1 a. m. con el pensamiento: "Voy a suspender".

Ta-da ~ ¡Pasé! Al entrar en la historia de Kakao Brunch, los bestsellers y los artículos de hoy se acercan más a los ensayos emocionales. En lugar de una publicación informativa, lea "Actualmente me estoy divorciando". "El líder del equipo dio una orden, pero el director general me regañó". Hay muchos artículos que tocan el corazón de las personas al convertir los diarios en historias, así que para el primer y segundo intento, solicité artículos que estimularan el juego como ellos.

Una escritura animada llama la atención y baila como un vals. Creo que este tipo de escritura es difícil de escribir para los principiantes. La capacidad de expresar de forma exquisita personajes, situaciones, etc. mediante el uso de los cinco sentidos del olfato, oído, gusto, tacto y vista no es fácil a menos que tengas talento o te hayas especializado en escritura. Entonces esta vez, cuando solicité ser escritor, declaré que escribiría algo diferente sobre Kakao. Cuando haces clic en Aplicar para ser escritor, sigues tres pasos.

pregunta

Tengo curiosidad por saber quién es el autor.

¿Qué tipo de artículo vas a escribir?

Envíe su historial laboral y libros publicados a través de URL. / Por favor envíen sus escritos juntos.

respuesta

Esta es solo una sección de presentación, por lo que puede escribir sobre su experiencia en la empresa o los temas en los que se especializó. Parece que la dirección deseada por Kakao es un ensayo emocional, pero dije que escribiría un artículo informativo con una lógica de apoyo. No, declaró.

"Escribiré artículos informativos, que es lo que mejor se me da".

En cuanto al tema del artículo, escribí que escribiría un artículo para examinados de la función pública, que se utilizará como tercer manuscrito. Escribí un esbozo del libro publicado y sus detalles. Y cuando se revisa para obtener la aprobación del autor, el texto escrito es el más importante. Escribí un artículo informativo. Envié el prólogo tal como está en el tercer manuscrito. Al día siguiente, mientras cenaba con un amigo, recibí un mensaje de texto a las 15:00 horas diciendo que había sido aprobado como escritor. Luego, escribí el artículo anterior e hice clic en publicar. Desde la primera publicación, fue seleccionado por el algoritmo y publicado en el portal Daum, y el número de visitas alcanzó cerca de 3.000 en un día.Estaba planeando publicar mi tercer manuscrito a través de Bookuk, pero después de trabajar como escritor de brunch durante un día, las dos empresas formaron una sociedad. En el pasado, incluso si te convertías en escritor de historias de brunch, era difícil publicar externamente. Incluso si se convirtió en un libro de brunch, el escrito solo se publicó en la plataforma interna de Kakao o en el portal Daum, y para publicar el libro externamente, tenías que recibir un premio del Proyecto Brunch. Sólo los editores podían ver directamente los escritos del autor y ponerse en contacto con él.

Sin embargo, Kakao comenzó a comprender las necesidades de los autores (consumidores) que querían publicación externa a través de un método pod como Boukk, y al formar una alianza con Boukk, una pequeña empresa, pudo reducir el costo de crear una distribución y publicación externa. sistema. Por supuesto, Bukq tiene una ventaja significativa en promoción y marketing, ya que está asociado con la gran empresa Kakao y ya ocupa el primer lugar en la industria como plataforma de autoedición basada en pods. No se puede establecer colaboración en los negocios si las necesidades de cada uno no coinciden, y ambos pueden verse como una estructura en la que todos ganan. De esta manera, puede escribir cada artículo en la revista brunch y, cuando haya acumulado 30 artículos, puede ir a Bukk, recibir su código de autenticación de la revista brunch e inmediatamente crear un libro en papel o un libro electrónico. Puede ver que los beneficios de convertirse en escritor de brunch han mejorado. Los libros publicados llevan las marcas Brunch y Bookmark, y planeamos continuar publicando el libro escribiendo un manuscrito para Kakao Brunch Story. Además, si te conviertes en escritor de brunch, puedes recibir entre el 1% y el 3% de regalías adicionales.

Por otro lado, la librería Youngpoong, una de las grandes empresas famosas por los libros en Corea, no logró desarrollar su negocio de distribución de libros electrónicos. Y2 Books, una plataforma creada conjuntamente por Youngpoong Bookstore y YBM, inició su actividad en 2011. El objetivo era bastante alto, alcanzar el 20% de la cuota de mercado coreano, pero fue superado por los competidores (Kyobo,

YES24, Millie's Study, Aladdin, etc.) y ahora sólo se colocan unos pocos libros electrónicos en el sitio web de la librería Youngpoong.

Las principales razones de la falta de crecimiento fueron cuestiones de tecnología e infraestructura. Cuando se lanzó y2 Books, al igual que otras plataformas, carecía de la tecnología y la infraestructura del mercado inicial de libros electrónicos, pero no continuó su desarrollo. Por tanto, se estima que han surgido problemas, como la cooperación con los editores y la estabilidad de la plataforma de libros electrónicos.

Si elige una plataforma nacional, ¿qué pasa con las cuestiones del ISBN?

Las plataformas extranjeras requieren absolutamente un ISBN. Incluso si el libro tiene el mismo ISBN de libro electrónico o ISBN de publicación electrónica, cada libro debe recibir un ISBN diferente según el medio. Además, el ECN se emite únicamente en Corea y, si se trata de un producto electrónico que ha recibido un ISBN, debe obtener un ECN de conformidad con la ley antes de que pueda distribuirse y venderse. Ahora que lo pienso, me preguntaba cómo se reconocerían los derechos de autor de los documentos PDF que no recibieron isbn. Los documentos PDF sin ISBN se consideran de baja calidad en el extranjero, pero en Corea se venden a precios elevados en varias plataformas. Hay muchos libros electrónicos de Kmong, Wadiz, Tumblbug, etc. que cuestan poco más de 300.000 wones. Entonces, los resultados de mi búsqueda por separado son los siguientes. En conclusión, se dice que está reconocido como derecho de autor.

Problemas de derechos de autor para libros pdf sin ISBN

Derechos de autor significa que el individuo u organización que creó la obra posee los derechos sobre la obra. Por lo general, los derechos de autor surgen inmediatamente después de que se crea una obra y se mantienen sin ningún registro o procedimiento especial. Por lo tanto, incluso si una obra o libro no tiene un ISBN (Número Estándar Internacional de Libro), se dice que los derechos de autor devengan desde el momento en que se crea la obra.

Sin embargo, para que una obra esté protegida por la ley de derechos de autor, debe cumplir varios requisitos. En general, las obras protegidas por derechos de autor deben cumplir requisitos como originalidad, creatividad y visualización, y esto permite que la obra protegida por derechos de autor esté protegida legalmente. Por lo tanto, incluso si la obra no tiene ISBN, es importante comprobar que la obra no infringe los derechos de autor de otra persona. Si la obra está protegida por la ley de derechos de autor, es ilegal copiarla o distribuirla sin el permiso del titular de los derechos de autor. Finalmente, para determinar si una obra tiene derechos de autor, debe investigar y utilizar información sobre la fuente o el autor de la obra.

Si es así, ¿puedo conocer la fuente de los derechos de autor?

Sin un ISBN, puede resultar difícil verificar la fuente o el autor de una obra. Sin embargo, no identificar la fuente o el autor de una obra no convierte automáticamente la obra en un recurso público. La copia o distribución no autorizada del trabajo de otra persona todavía se considera una infracción de derechos de autor. Si no se puede confirmar la fuente o el autor de una obra, es aconsejable evitar usar o distribuir la obra, y usar o distribuir la obra sin permiso puede causar problemas legales.

Por lo tanto, si no se puede confirmar la fuente o el autor de una obra, es seguro evitar usar o distribuir la obra. Si desea utilizar el trabajo protegido por derechos de autor, comuníquese con el titular de los derechos de autor para obtener permiso para usarlo.

Entonces, ¿puedo vender en el extranjero sin recibir un ISBN en Corea?

Por supuesto que es posible. A diferencia de Corea, las plataformas internacionales tienen cuotas de ISBN bastante altas emitidas por el país. Por tanto, se emite de forma inmediata. Por tanto, no hay que preocuparse. Sin embargo, puede resultar difícil utilizar un ISBN obtenido en un país extranjero en Corea, por lo que, si es posible, primero debe obtener un ISBN en Corea o recibir un ISBN extranjero si solo se vende en el extranjero y no en Corea. A veces, las plataformas extranjeras no reconocen el ISBN recibido en Corea, pero estos casos son muy raros y los ISBN extranjeros se emiten instantáneamente en el acto, por lo que tampoco tienes que preocuparte por esto. Si tiene cada medio (papel, e-pub, pdf KPF, word, etc.) y el ISBN como primera condición para vender un libro electrónico o un paquete de libros en papel en el extranjero, ahora es el momento de tomar una decisión.

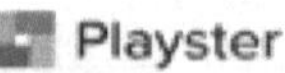

Esta es una plataforma seleccionada después de visitar más de 100 plataformas.

Condiciones para elegir una plataforma.

Cuenta, impuestos, inspección de contenido, alcance de distribución, manuscrito traducido, activación de plataforma

¿Es fácil vincular cuentas, existe algún tratado tributario o se puede hacer un contrato tributario dentro de la plataforma? (Incluso si hay un tratado, no usé una plataforma que te pide que escribas un contrato y lo envíes por correo electrónico). .) Y las diferencias en la revisión de contenidos para cada plataforma, esto existe. La elección debe hacerse en función del alcance de la distribución, a qué plataforma se aplicará el manuscrito traducido y si el método POD es gratuito o de pago.

En primer lugar, antes de conocer los cinco, necesitamos saber cuántos libros se leen en cada país y qué clase capitalista lee libros en ese país. Analizamos la historia mundial en busca de cultura y traducción.

Esta vez, necesitamos saber qué plataformas de países están activas y qué países leen más libros.

Entonces, ¿leen más libros los países desarrollados?Sí. En particular, las personas de los países desarrollados y de las clases altas tienden a comprender estos valores con mayor claridad y disfrutan activamente de la lectura. Hay varias razones principales para esta tendencia en la lectura: con el aumento de los niveles educativos, las personas en los países avanzados y las clases capitalistas altas tienen una tasa más alta de recibir educación superior. Esto significa que existe una fuerte curiosidad por el conocimiento y un fuerte deseo de crecimiento personal. Mientras reciben educación superior, dedican mucho tiempo a adquirir conocimientos especializados y complementar sus conocimientos académicos a través de libros. Esta formación educativa significa que ven la lectura como una parte importante de la vida y tienen el hábito de acumular conocimientos continuamente. Y tienen estabilidad financiera y ocio. Las personas que pertenecen a la clase alta son económicamente estables y tienen menos carga financiera a la hora de comprar libros. Esto significa tener libertad para comprar y leer libros y tener libertad para invertir recursos. Por lo tanto, existen pocas restricciones financieras para la compra de libros y los libros sobre una variedad de temas son fácilmente accesibles, por lo que hay muchas oportunidades para leer. Las influencias culturales tienden a enfatizar el valor del aprendizaje y el conocimiento.

Como se mencionó anteriormente, se dice que la clase alta aprende latín a través de la educación en el hogar o seleccionándolo como materia. Durante el proceso de investigación de la plataforma, la cantidad de personas que la operaban difería según el país. Naturalmente, los países más desarrollados (EE.UU., Alemania, Reino Unido, Rusia, Canadá, Francia, Australia y, a veces, Suecia) tenían mejores plataformas locales. Y Alemania, el Reino Unido y Francia tienen una cantidad abrumadora de plataformas. No hay mucha gente en la India, pero como es una sociedad de clases y tiene una alta tasa de ingreso a la universidad para cambiar de clase, se considera que la conciencia de la lectura es bastante alta. Pero no hay muchas plataformas. El siguiente es Japón, líder de Asia. Lo desafortunado de Japón es que las famosas plataformas pod sólo tienen muchos webtoons y animaciones. Aunque hay obras literarias como novelas, libros de autoayuda y poesía, el contenido principal de los grandes sitios que visito es todo anime. Por ello, se recomienda que Japón venda a través de kobo, una plataforma semi-internacional. Primero, verifiquemos dónde está publicado mi trabajo. (VAINA)

Bertrand
https://www.bertrand.pt › ebook › intp-left-a-civil-servi

Intp Left A Civil Service Job To Meet Esfj, Yeong Hwan Choi

Compre o livro **Intp Left A Civil Service Job** To Meet Esfj de Yeong Hwan Choi em Bertrand.pt

€3.99

Fnac
https://www.fnac.com › livre-numerique › Yeong-Hwa

INTP left a civil service job to meet ESFJ

It contains love with her who has an MBTI opposite to me, **INTP left a civil service job** to meet ESFJ, Yeong Hwan Choi, Auto-Édition.

€9.41   재고 있음

bol.com
https://www.bol.com › are-you-a-civil-servant

Are You A Civil Servant (ebook), Yeong Hwan Choi - Bol

Are You A Civil Servant. If you are interested in Korea, the world's 10th largest economy, aren't you curious about government employees? They delve...

€6.00

Hugendubel
https://www.hugendubel.de/de/ebook_epub/yeong_hwan_choi... ▾

Yeong Hwan Choi: INTP left a civil service job to meet ESFJ bei ...

✎ **INTP left a civil service** job to meet ESFJ, eBook epub von Yeong Hwan Choi bei hugendubel.de Yeong Hwan Choi: **INTP left a civil service** job to meet ESFJ bei hugendubel.de

LB LovelyBooks
https://www.lovelybooks.de/autor/Yeong-Hwan-Choi ▾

Yeong Hwan Choi - LovelyBooks

✎ Beliebtestes Buch: Are you a civil servant/Hallo. Mein Name ist Choi Hwan, ein Koreaner. Ich bin hierher gekommen, um Ihnen zu sagen, was die Koreaner ...

Feltrinelli
https://www.lafeltrinelli.it › ebook-inglese › editori › ye… ⋮

Libri in Inglese Yeong Hwan Choi

Aggiungi alla lista dei desideri. Are You A Civil Servant. Are You A Civil Servant. di Yeong Hwan Choi · Yeong Hwan Choi , 2024. 0. Recensioni: 0/5. (0). EBook …

IBS: Libri
https://www.ibs.it › … › History › World History › Asia ⋮

Are You A Civil Servant - Hwan Choi, Yeong

Are You A Civil Servant è un eBook in inglese di Hwan Choi, Yeong pubblicato da Yeong Hwan Choi a 6.49. Il file è in formato EPUB2 con DRMFREE: risparmia …

€6.49 · 재고 있음

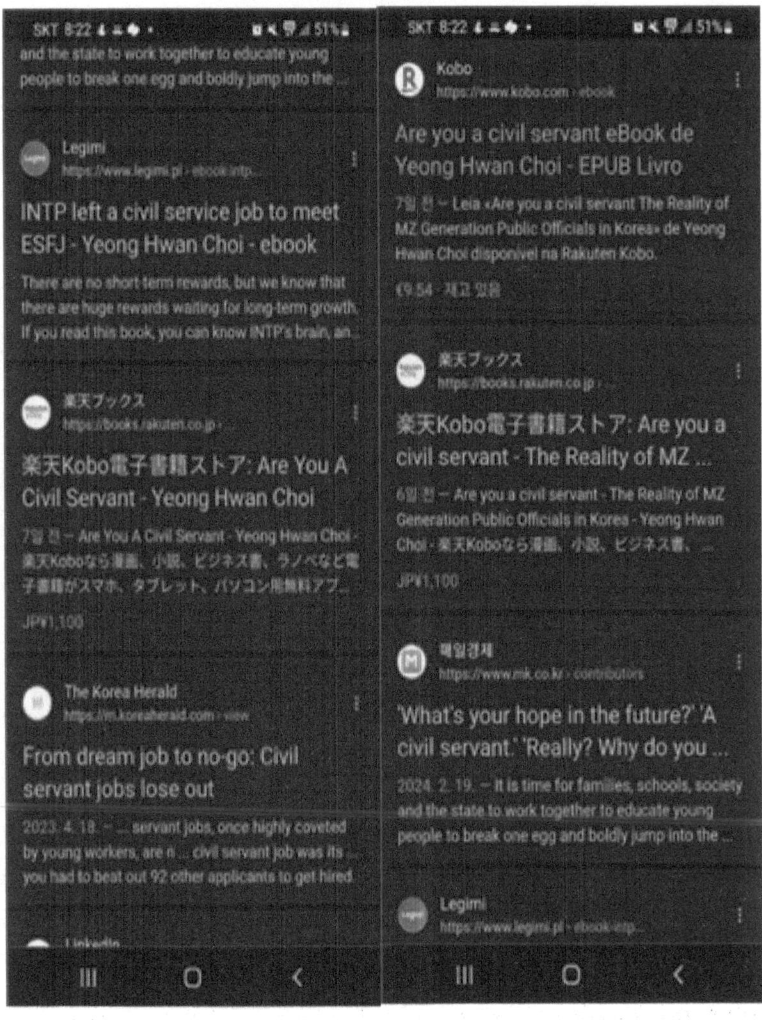

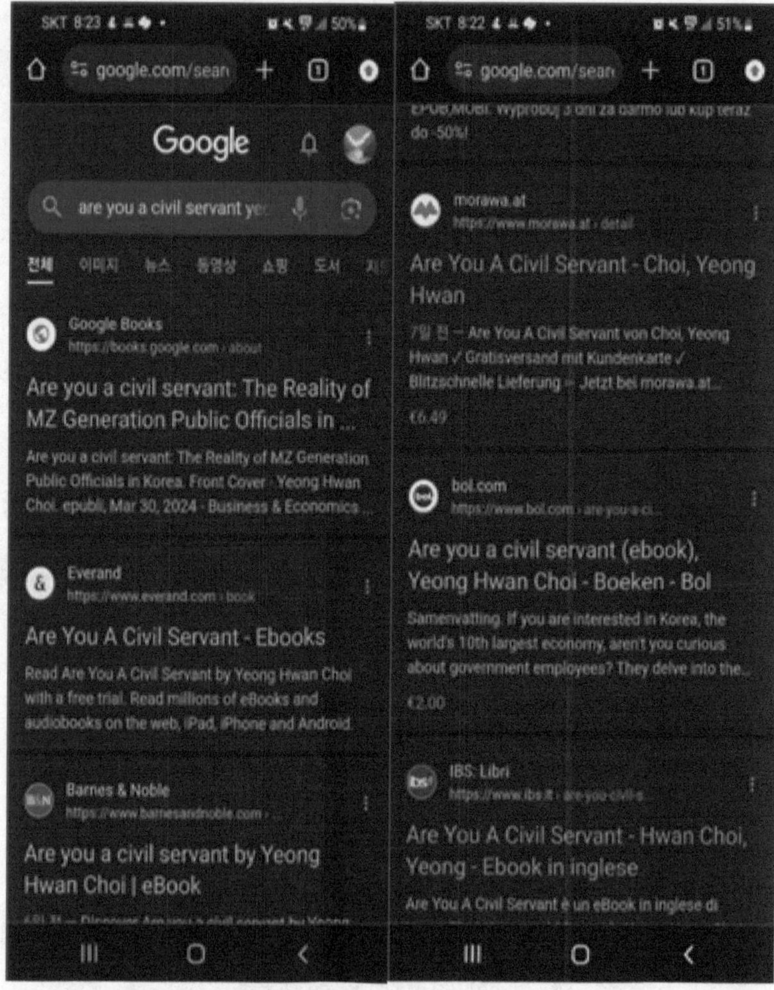

Hay muchas otras cosas, así que las omitiré. Aparece en todos los países excepto Rusia, partes de Europa del Este, África, Medio Oriente, Nueva Zelanda y algunas partes de América del Sur.

Página de inicio que creé a través del comercio electrónico

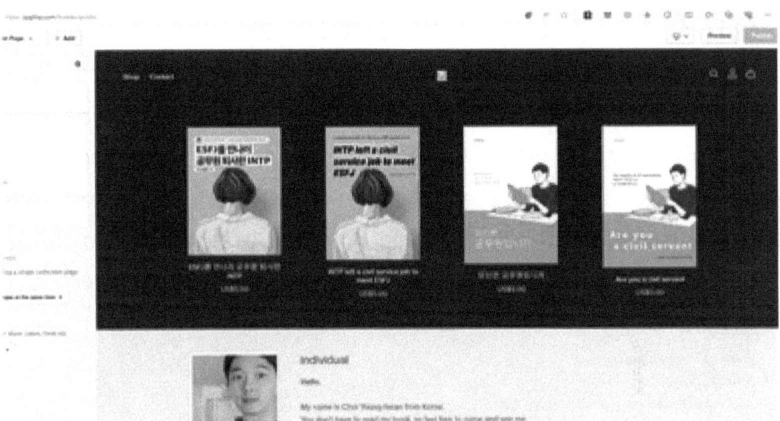

Conectar payhip y dominio de Google

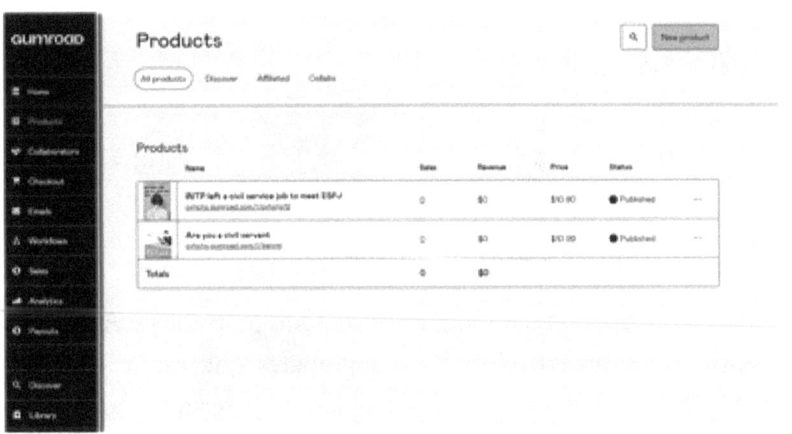

Gumroad

Asegúrese de registrarse en esta plataforma.

Las plataformas internacionales (requeridas para Google, Amazon, Apple) deben estar registradas Si es un usuario de Android y Google y no tiene una ID de Apple, no necesita registrarse en Apple Books. Todas las plataformas semiinternacionales de las que hablaré en el futuro están afiliadas a Apple Books. Como utilizamos múltiples plataformas, muchos de los mismos libros se colocan y venden en Apple Books.

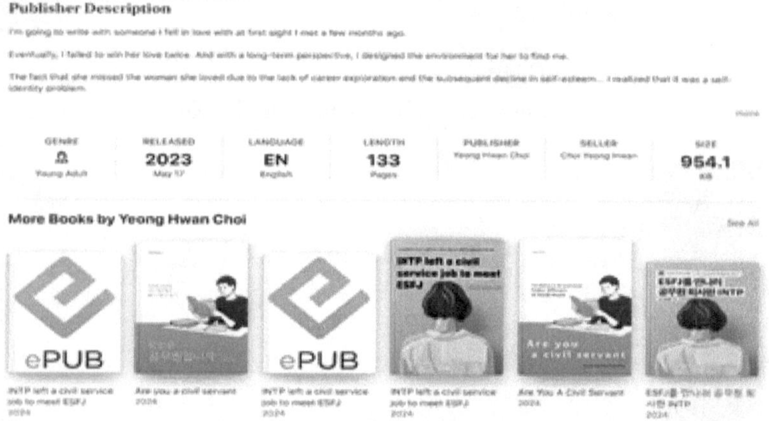

Por otro lado, en términos relativos, Google Books y Amazon son plataformas semiinternacionales o regionales que no se distribuyen bien. Quizás porque están tan por delante en términos de cuota de mercado, no parecían querer registrarse a través de otras plataformas.

Google hace que su plataforma sea muy intuitiva y fácil de usar. Todo el proceso se realiza a través de un socio de libros de Google.

https://play.google.com/books/publish/

결제 센터

결제 프로필

WORLD

Cuando envía un correo electrónico de consulta a Google, recibe una respuesta directamente desde Corea. Dado que está administrado por Google Corea, es inspeccionado y distribuido por coreanos. Se necesitan entre 2 y 3 días desde la configuración de la cuenta hasta el acuerdo fiscal. No es necesario redactar y enviar un contrato por separado, ya que se puede hacer fácilmente dentro de esta plataforma. Haga clic en Vincular cuenta y, unos días después, Google depositará una pequeña cantidad en la cuenta que configuró. Todo lo que tenemos que hacer es ingresar una pequeña cantidad de depósito en la casilla de verificación de Google y conectarnos. Y una vez que se completa el contrato de impuestos, se muestra un mensaje que dice que ha sido aprobado en la ventana de Google junto con un correo electrónico que dice que ha sido aprobado. Haga clic en Agregar libro, registre los libros uno por uno y espere hasta que se apruebe su cuenta. Google tarda hasta 7 días en realizar la inspección.

Google distribuye a todas las tiendas del mundo que tienen Google Books.

Al igual que Google, Amazon resuelve todos los problemas dentro de una sola plataforma.

https://kdp.amazon.com/en_US/bookshelf

Para que se apruebe su cuenta de Amazon Kindle, debe vincular su cuenta y presentar una declaración de impuestos.

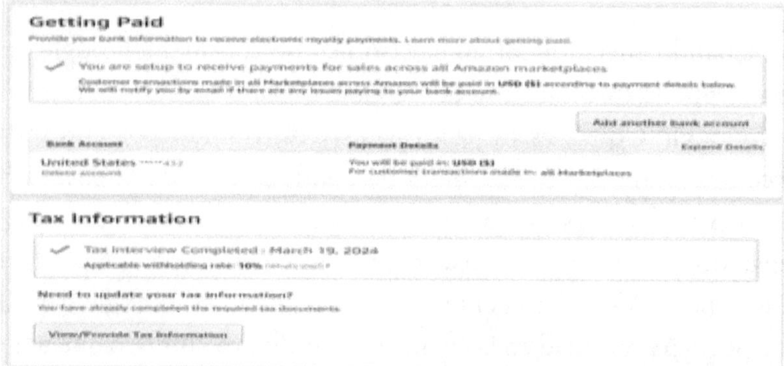

Amazon usa Payoneer, así que regrese a las instrucciones de Payoneer, configure una cuenta de beneficiario en un banco de EE. UU., presione el botón de recibir pago e ingrese el banco, el código rápido, el número de cuenta y el nombre del beneficiario. El contrato fiscal a continuación es muy sencillo, como Google. Simplemente haga clic en la casilla de verificación dentro para completar la configuración. Esto puede verse como la majestuosidad de las plataformas internacionales. Proporciona a los vendedores una interfaz y un uso muy sencillos.

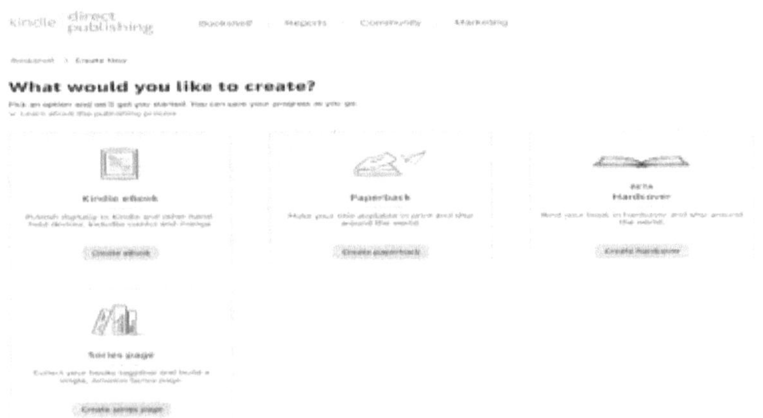

Luego, regrese a la estantería y presione Crear. Aparecerán cuatro formas. Aquí puedes crear y vender libros electrónicos, libros en papel, lo que quieras. Es realmente fácil, por lo que podrás entenderlo intuitivamente si lo sigues y lo pruebas tú mismo. Por último, Amazon distribuye a las tiendas Amazon de todo el mundo.

A diferencia de las dos plataformas internacionales, Apple Books tiene un sitio diferente para cargar libros que iTunes (donde se utiliza una cuenta comercial).

Si no es usuario de Apple, existen diferentes lugares para crear su identificación, así que comience registrándose en el sitio donde crea su identificación.

https://appleid.apple.com/?returnUrl=https%3A%2F%2Fappleid.apple.co[1]

Una vez que haya creado una ID de Apple, primero debe usar iTunes. Haga clic en Cuenta comercial de iTunes. Luego puede configurar la cuenta para recibir impuestos y recibirlos.

---

1. https://appleid.apple.com/\?returnUrl=https://appleid.apple.com/account/manage/section/payment&appId=93

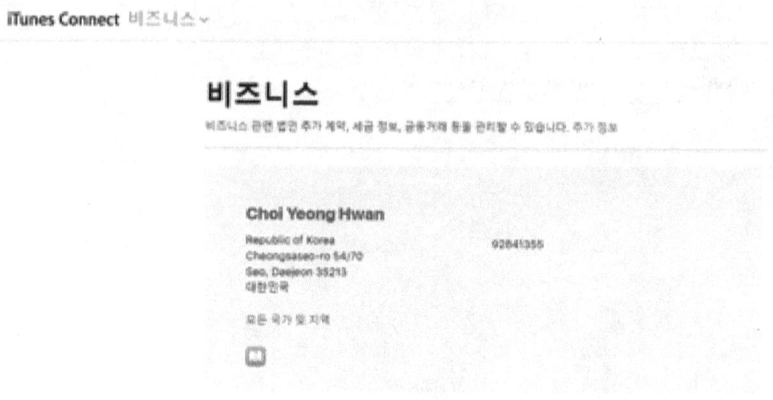

iTunes Connect 비즈니스 ⌄

비즈니스

비즈니스 관련 법인 추가 계약, 세금 정보, 금융거래 등을 관리할 수 있습니다. 추가 정보

Choi Yeong Hwan

Republic of Korea
Cheongsaseo-ro 54/70
Seo, Daejeon 35213
대한민국

모든 국가 및 지역

9284\355

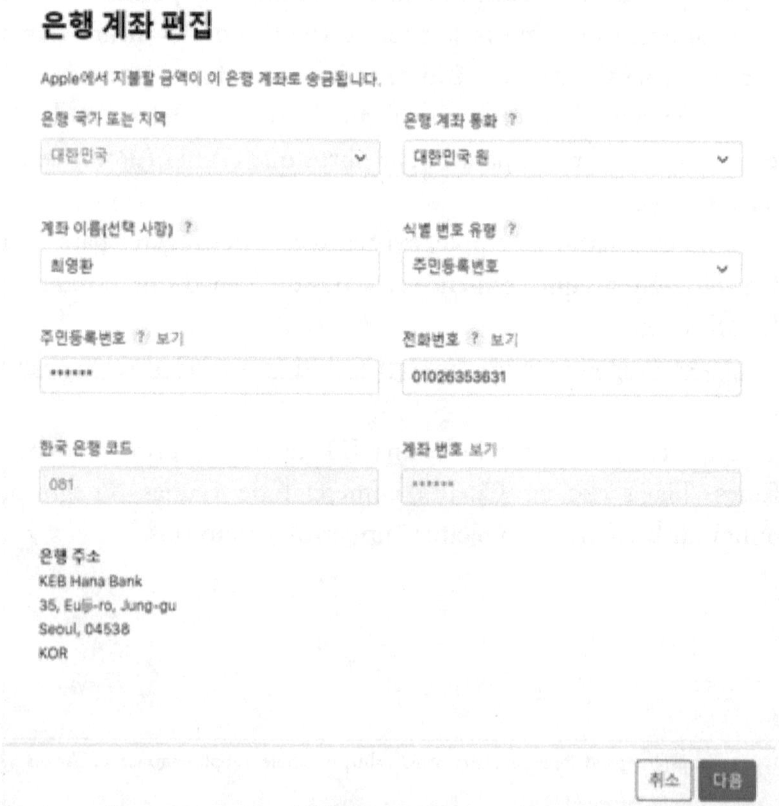

은행 계좌 편집

Apple에서 지불할 금액이 이 은행 계좌로 송금됩니다.

은행 국가 또는 지역

대한민국 ⌄

은행 계좌 통화 ?

대한민국 원 ⌄

계좌 이름(선택 사항) ?

최영환

식별 번호 유형 ?

주민등록번호 ⌄

주민등록번호 ? 보기

******

전화번호 ? 보기

01026353631

한국 은행 코드

061

계좌 번호 보기

******

은행 주소
KEB Hana Bank
35, Eulji-ro, Jung-gu
Seoul, 04538
KOR

취소   다음

A diferencia de Amazon, el hecho de que usted configure una cuenta directamente en un banco comercial coreano, en lugar de en una cuenta estadounidense, puede verse como un aspecto positivo.

U.S. Form W-8BEN

Part I: Identification of Beneficial Owner

Part II: Claim of Tax Treaty Benefits

Part III: Certification

Hay dos formas de presentar una declaración de impuestos. Este es el documento de contrato W-8en mencionado anteriormente y se completa al verificarlo y firmarlo a continuación. Estos son documentos relacionados con el tratado fiscal entre Corea y Estados Unidos. A continuación, un extranjero no estadounidense debe completar un

Certificado estadounidense de condición de extranjero de propietario beneficiario como contrato para recibir el pago. Más fácil que lo anterior. Puede verse como un documento que certifica mi dirección personal y que soy coreano. En otras palabras, puede verse como un certificado de estatus de extranjero del beneficiario efectivo estadounidense.

계약

은행 계좌

세금 양식

Una vez que ambas configuraciones estén completas, https://authors.apple.com/epub-upload/startEntremos   y registremos el libro. Para permisos, simplemente regístrese aquí.

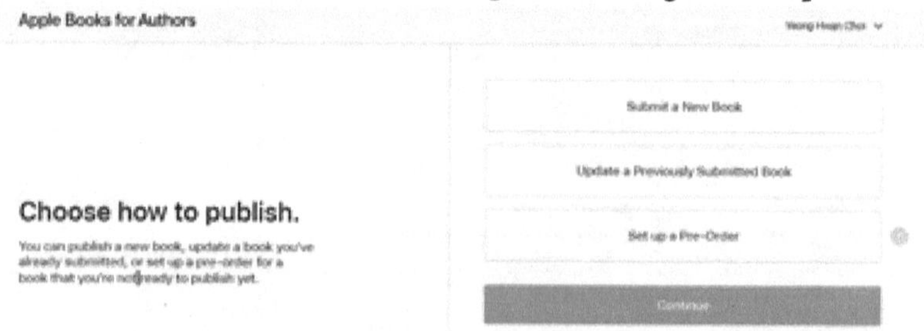

Simplemente haga clic en el botón Enviar en la parte superior para registrar su libro. Además, si desea editar la portada de la revista, haga clic en el segundo menú (Actualizar libro enviado anteriormente). Si registra o edita un libro aquí, se transferirá automáticamente a iTunes. Puede considerarse inconveniente utilizar los dos sucesivamente.

Si regresa a iTunes y hace clic en Mis libros, aparecerá un letrero verde que indica que el libro se cargó y se mostró el producto, y aparecerán 51 tiendas. Además de 51 países, 27 países deben presentar documentos de identificación a Apple en virtud de la Ley Digital. Lo importante aquí es que si envías tu tarjeta de registro de residente coreano o tu licencia de conducir, recibirás un correo electrónico pidiéndote que envíes el documento en inglés. Puedes acudir al gobierno las 24 horas del día y entregarles una copia de tu registro de residente o una copia certificada que se pueda imprimir en inglés.

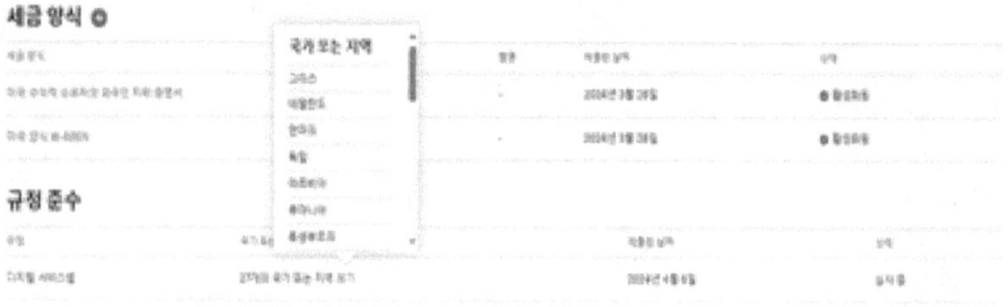

Plataformas semiinternacionales (Kobo, D2D, Tolino)
Kobo, Kobo Plus

https://writinglife.kobo.com/v2/registration/
contact-information

Kobo es un sitio muy importante distribuido en Japón y Canadá.

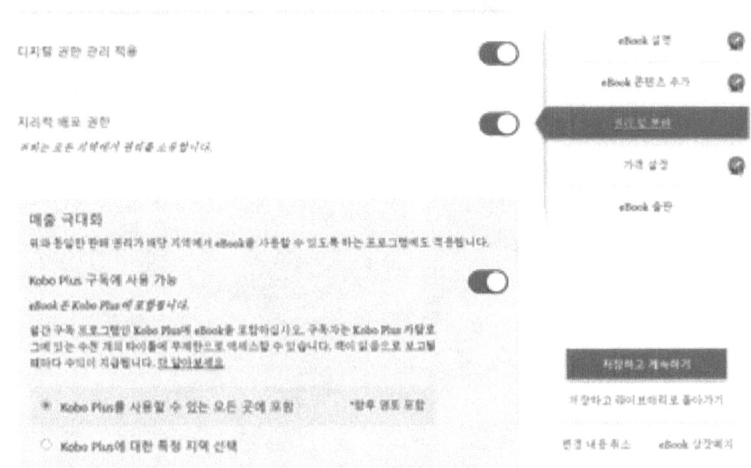

Asegúrese de consultar aquí cuando cargue un libro. Tenga en cuenta que, a menos que arrastre el botón Disponible para suscripción Kobo Plus hacia la derecha, el libro solo se registrará en Kobo. Kobo Plus continúa expandiéndose. Se puede distribuir de manera eficiente a los continentes de Oceanía, Australia y Nueva Zelanda. Y está ampliando su territorio Braille con un servicio de suscripción ilimitado lanzado en los Países Bajos y Bélgica en 2017, Canadá en 2020 y Portugal a principios de este año.

Digital 2D (D2D)

https://www.draft2digital.com/book/1376443#ebook[2]

Este es el sitio más recomendado. Todo es gratis y ofrece beneficios que facilitan la creación de audiolibros. La plataforma está estructurada de manera que sea fácil de entender de forma intuitiva, lo que resulta ventajoso para los vendedores. Y es el principal contribuyente a su distribución en tantas plataformas. Se distribuye por toda Europa. Registrémonos sin falta. En cierto modo, creo que es más importante que una plataforma internacional.

INTP는 ESFJ를 만나기 위해 공무원직을 그만뒀다

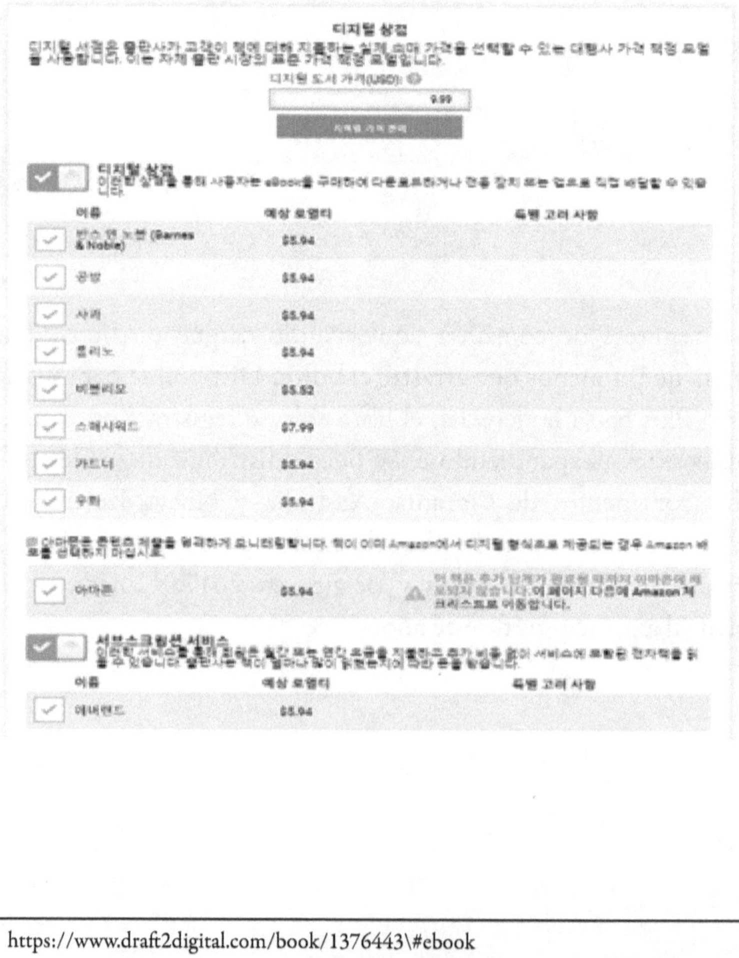

공보 플러스

Es una gran plataforma que distribuye a Walmart y eBay.

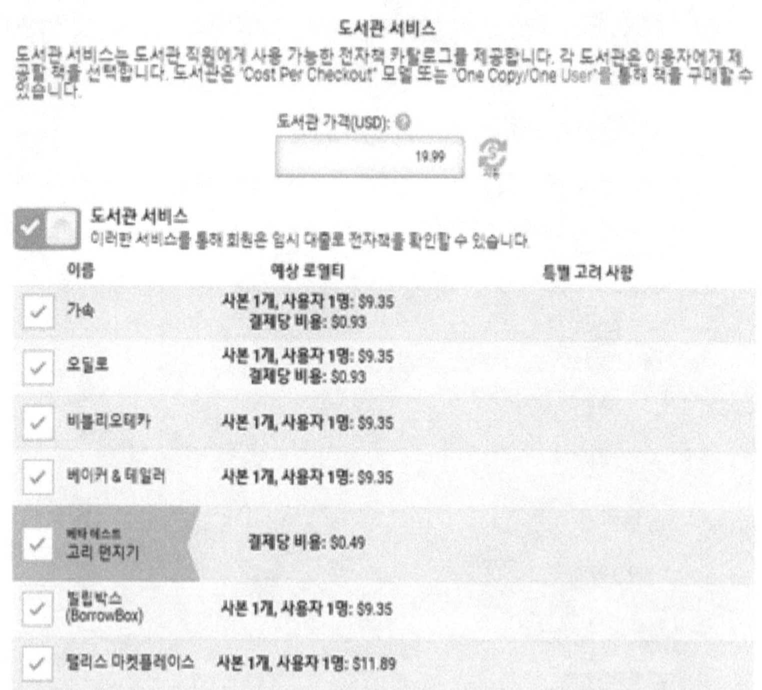

Se distribuye a muchos lugares. Además, dado que la cuota de ISBN es importante, se asigna inmediatamente durante el proceso de registro del libro. Sólo esto se puede distribuir a todas las regiones de Europa. Los lugares donde se distribuye son todas plataformas famosas y están afiliadas a servicios de biblioteca y suscripción. Lo sorprendente es que mis libros también se venden en Walmart. Estoy realmente agradecido de que el libro se distribuya en lugares distintos a la plataforma original. Y cada vez que se distribuye, se lo enviamos amablemente por correo electrónico. ¿Se puede distribuir en Amazon? Hay varias cosas que se deben verificar al enviarlo a Amazon, creo que esto es para evitar ventas duplicadas en Amazon.

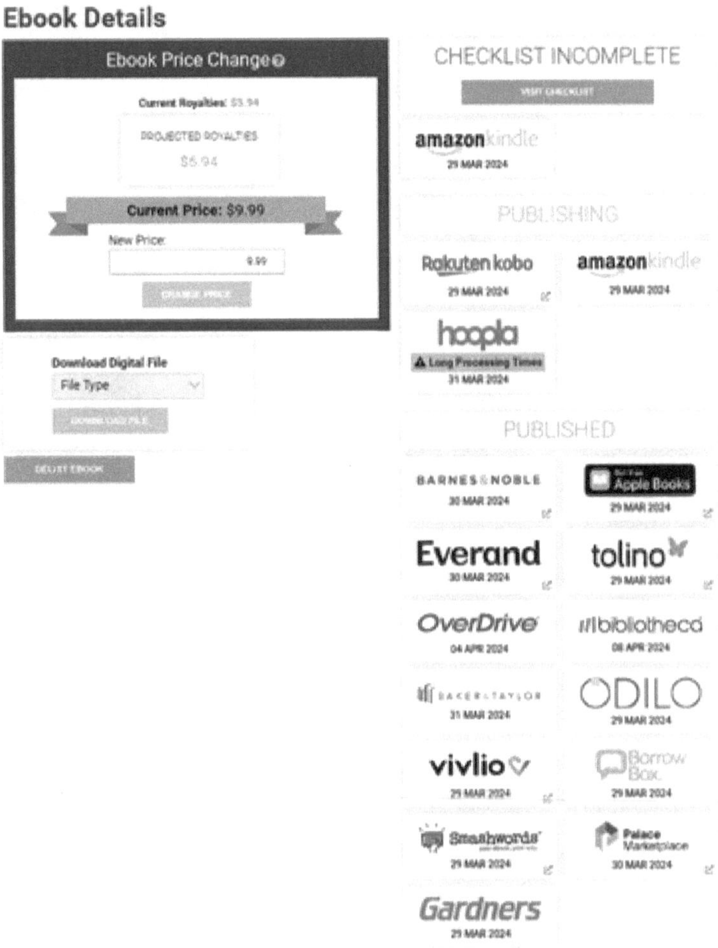

Para distribuir a Amazon, marque la lista de verificación anterior como incompleta y envíela. Ya tengo dos copias de cada libro en Amazon, así que no las configuré por separado.

La mejor parte es que puede crear y distribuir libros en papel, libros electrónicos y audiolibros, todo a la vez. El audiolibro se mueve automáticamente a otra plataforma cuando haces clic en el ícono del micrófono. Puedes crear tu propia voz de IA de forma gratuita allí, por lo que es, con diferencia, la mejor plataforma que he usado. Sin embargo, como mencioné anteriormente, lo lamentable es que no es posible hacer libros únicamente en papel en coreano. Aparte de eso, el precio, la distribución, la comodidad del usuario, la vinculación de cuentas y las cuestiones fiscales son lo mejor. La vinculación de cuentas también está sujeta a un acuerdo independiente con Payoni. Creo que el director ejecutivo tiene muchas conexiones en muchos aspectos, incluidos la distribución, las finanzas y el audio. Creo que si Corea desarrolla una plataforma como esta, superará a la Librería Kyobo. La reseña del libro se puede considerar de dificultad media. No hay muchas compañías.

Toilino

https://www.tolino-media.de/

Sería ridículo hablar de Tolino en la eurozona. Tolino es un sitio muy importante que también se distribuye en la Biblioteca Nacional Alemana. Actualmente, estoy experimentando mi tercera pérdida y sigo haciendo correcciones.

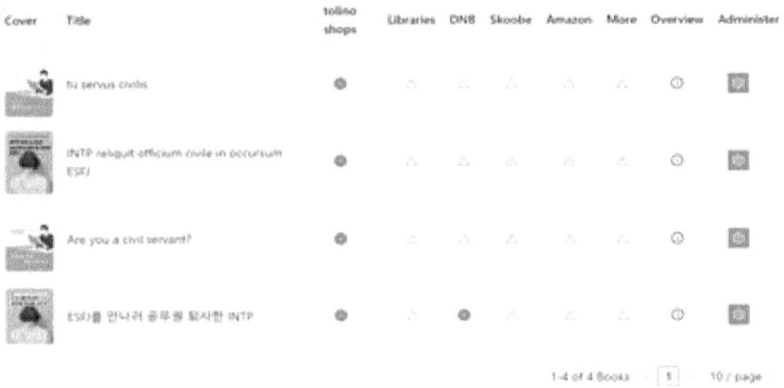

Cover	Title	tolino shops	Libraries	DNB	Skoobe	Amazon	More	Overview	Administer
	tu servus civilis	●	△	△	△	△	△	ⓘ	⚙
	INTP reliquit officium civile in occursum ESFJ	●	△	△	△	△	△	ⓘ	⚙
	Are you a civil servant?	●	△	△	△	△	△	ⓘ	⚙
	ESFJ를 만나러 공무원 퇴사한 INTP	●	△	●	△	△	△	ⓘ	⚙

1-4 of 4 Books · 1 · 10 / page

¿No puedes ver la biblioteca? Estoy muy emocionado de que mi libro vaya a la Biblioteca Nacional de Corea. La reseña del libro de Tolino es tan estricta como la de Lulu. Las situaciones en las que se produjo el rechazo se discutieron en todas las plataformas semiinternacionales y se organizaron por separado. No te pierdas este sitio tampoco. También se puede enviar a lugares a los que D2D no puede enviar. Para configurar una cuenta, debe conectarse a Payoneer. Simplemente ingresa Bic e IBAN manualmente. Para impuestos, Tolino me pide que envíe mi tarjeta de registro de residente o licencia de conducir para verificar mi identidad. Incluso podemos tomar una fotografía de nuestra propia licencia con una cámara y enviarla, en lugar del documento en inglés que solicitó Apple. A diferencia de las plataformas internacionales, no hay ningún lugar para escribir o firmar W8bn, así que simplemente llénelo en blanco y será procesado.

Plataformas locales (epubli, bookedition, pothi)
Epubli

https://www.epubli.de/myaccount/meine-buecher(Alemania)

Es una de las plataformas más elogiadas. La mayoría de los libros no se distribuyen a través de Google Books, pero aquí también se distribuyen a través de Google Books. También se distribuye tanto en el norte como en el sur de Europa, e incluso se pueden realizar libros en papel de forma gratuita. También puede registrarse como miembro enlazándose directamente a Google. Parecía ser la única plataforma asociada con Google. Es una de las pocas plataformas extranjeras que te permite crear libros en papel, ¡así que asegúrate de probarla!

Del mismo modo, puedes conectarte ingresando el BIC y el IBAN de Payoneer.

Si distribuyes aquí y buscas en Google, ¡guau, la distribución de este tipo es tan asombrosa como D2D! Sale una exclamación: También nos centraremos en el norte de Europa, incluidos SaXo de Dinamarca, Noruega y Finlandia. Incluso fue quien lo distribuyó por primera vez en Google Books mientras mi cuenta estuvo bajo revisión durante 7 días. gracias.

La edición del libro

https://www.thebookedition.com/fr/mon-compte(Francia)

También lo distribuye la Biblioteca Nacional de Francia y es una plataforma importante que se distribuye a todos los pequeños minoristas de Francia. Let Edition, una plataforma local en Francia, también es buena, pero Book Edition recibió una puntuación más alta porque se creó teniendo en cuenta la perspectiva del usuario.

Esto también está conectado con Payonia. También se admite PayPal.

pothi

https://publish.pothi.com/contact/(India)

El registro tanto para libros en papel como para libros electrónicos es gratuito. Y se distribuye a través de Philip Cart, el mercado más grande de la India. Es una lástima extrañar a Briggs.

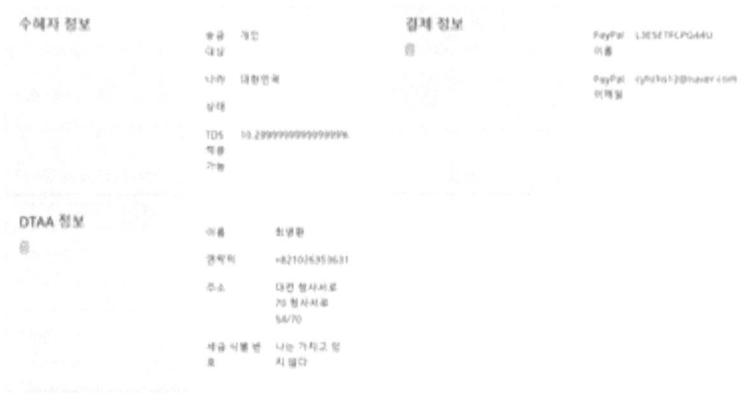

수혜자 정보

송금 대상	개인
나라	대형업체
상태	
TDS 적용 가능	10.2999999999999996

결제 정보
형

PayPal 이름	L3E5ETFCPG44U
PayPal 이메일	ryhsbsk2@naver.com

DTAA 정보
형

이름	최영환
연락처	+821026350631
주소	대전 행사서로 70 행사서로 54/70
세금 식별 번호	나는 가지고 있지 않다

Después de preguntar sobre los impuestos por correo electrónico, me dijeron que lo dejara en blanco. Luego se fijó el tipo impositivo. El número de identificación fiscal también estaba escrito como "No lo tengo". El pago fue a través de PayPal. Algunas plataformas no son compatibles con Payoneer, así que asegúrese de utilizar ambas.

De manera realista, la forma de distribuir en Sudamérica, como Brasil, Argentina, Chile y Perú, es utilizar plataformas pagas en el sur de Europa (España, Italia, Portugal) en lugar de plataformas regionales. América del Sur no se puede conectar a PayPal y Payoneer. Por lo tanto, puedes vincular Payonia Eurozona y cuentas receptoras y declarar impuestos en las plataformas del Sur de Europa descritas en el Capítulo 2.

Para concluir, hagamos de esto una necesidad.

- Google, Amazon, Apple
- Kobo, D2D, Tolino
- Epubli, edición de libros, Pothi

Lugares donde la inspección es difícil

1, Amazon > Google > Apple: Amazon es estricto a la hora de inspeccionar únicamente libros en papel.

2.Tolino > Kobo > D2D: Tolino generalmente es difícil de inspeccionar.

3. Todo está bien.

Libros en papel y audiolibros.

Entre las plataformas seleccionadas, los libros en papel están disponibles en todas excepto en Google, Apple, Kobo y Kobo Plus. Si haces un audiolibro, puedes organizarlo con Digital2Digital (D2D).

Si quieres agregar un poco más, detengámonos aquí.
1. lulu (se requiere una tarifa de $2 para hasta 4000 minoristas)
https://www.lulu.com/create/print-books
2. litros (Rusia, Europa del Este/Gratis)
https://www.lulu.com/create/print-books
3. Let Edition (Francia/Gratis)
https://www.leseditionsdunet.com/
4. Campaña de publicación (gran mercado chino/pago)
https://publishdrive.com/overview-chinese-book-market.html
5. xinxll (Alemania/gratis)
https://www.xinxii.com/index.php?route=account/login[3]

---

3.   https://www.xinxii.com/index.php\?route=account/login

La inspección de Lulu también es bastante estricta. Por el contrario, las cuatro plataformas restantes gozan en general de buena aprobación. Utilicemos Rusia con fines promocionales. Creo que los números 3, 4 y 5 también son excelentes plataformas. Aún es mejor hacer que E-pub sea compatible con 2.0 en lugar de 3.0. Y siempre debe haber una tapa dentro del e-pub. Si no sabes cómo usar sigil, usa U-Paper Creator y agrega una cubierta en el interior.**Los casos que suelen ser rechazados durante la inspección son los siguientes.**

1. Discrepancias entre el título y el título en la E-pub

2. Falta de coincidencia entre el tamaño del libro de papel y el tamaño de la encuadernadora

3. Si no hay tapa dentro del E-pub

4. Cuando la resolución del archivo en el E-pub es demasiado grande

5.Cuando no sabes cómo usar E-pub y simplemente lo conviertes, cuando las letras del interior están rotas

6.versión coreanasegundo¿Cuándo quieres publicarlo, cuando no puedes leerlo en un libro de papel?

7. No se requiere Hangul al utilizar cada plataforma extranjera, no dentro de E-pub.túCuando no puedes leer desde la computadora.??? aparece como Entonces cuando quieras romanización.

8. Cuando las especificaciones de la funda no coinciden con el tamaño deseado para cada plataforma / Porque los tamaños mostrados en cada plataforma son diferentes.

9. Al registrar un libro, el ISBN que aparece es diferente del ISBN del e-pub.

10. Cuando no se reconoce el ISBN recibido en Corea

Están Lulu y Tolino, donde se deben observar las 10 cosas anteriores. El resto es caso por caso, y hay lugares por los que puedes pasar aunque no los sigas todos. Por último, los sitios extranjeros que pueden publicar libros en papel incluyen D2D, epubli, pothi, bookedition y Amazon, que ofrecen libros gratuitos. y

Está tolino, que requiere una compra paga única para su distribución por parte del autor, y las plataformas que no pueden hacerlo incluyen kobo, Google y Apple.

La plataforma internacional es completamente gratuita a menos que gastes dinero en marketing. Pero, de hecho, algunas plataformas no son gratuitas. llamado gratis

Analicemos de dónde se benefician las plataformas.

Puedes crear un libro de forma gratuita, pero Bookque requiere la venta de una portada o 10 copias para permitir la distribución externa. U-Paper crea una estructura de ganancias mediante la emisión de isbn y ecn. Book Lab solo se puede distribuir si seleccionas un servicio: diseño de página, portada y edición de manuscrito. Las plataformas internacionales Amazon, Google y Apple fomentan el uso del marketing pago. Dado que cada día se cargan decenas de miles de libros en papel y libros electrónicos, es difícil promocionar su libro sin utilizar el marketing. Las plataformas cuasi internacionales requieren una tarifa de revisión del manuscrito, fomentan la compra incluso si hay un ISBN, publican solo si los participantes lo desean a través de financiación colectiva, escriben primero como Kakao Brunch Story y publican de forma gratuita según la cantidad de suscriptores, beneficios para personas influyentes, etc. Para la distribución externa global, muchas plataformas requieren el uso de algunos servicios y conversión paga. Además, a diferencia de los libros electrónicos, los libros en papel requieren una compra única para poder distribuirse, o existen muchas opciones, como recurrir a un comercializador profesional o convertirlos a euros. Las plataformas que se pagan por adelantado están diseñadas para proporcionar presuscripción (use una suscripción gratuita de 5 días, luego cambie a una versión paga. Pague después de un mes de prueba), reciba manuscritos mediante llamadas telefónicas o correos electrónicos internacionales, proporcione consulta y negociación de honorarios de publicación (consulta previo presupuesto gratuito), consiste en el uso incondicional de los servicios del autor (revisión de manuscritos, uso de ilustración de portada, edición de páginas, etc.), venta de paquetes de servicios por niveles, etc.

Descubrir socios y agencias de distribución en el extranjero

Entre las plataformas seleccionadas, Tolino, D2D y Amazon permiten el envío internacional de libros en papel. También se puede entregar a través de negocios de comercio electrónico.

Velocidad de distribución externa desde el sitio registrado a cada plataforma famosa

En el extranjero, la velocidad de distribución es rápida, con alrededor de 10 plataformas afiliadas en una semana. Sin embargo, la entrega nacional demora hasta 1 mes. Esto puede verse como una diferencia en el proceso de inspección, pero creo que es necesario mejorar la lenta velocidad de la distribución externa.

La estructura de regalías (beneficios) más curiosa [libro electrónico > libro en papel]

Ésta es la razón más importante para vender libros electrónicos.

Las regalías de los libros en papel son muy pequeñas. Por otro lado, los libros electrónicos son muy rentables porque las empresas no requieren costes de mantenimiento aparte. Sin embargo, dicen que para que mi libro se vuelva verdaderamente famoso, es necesario vender muchos libros en papel.

A continuación se muestra un correo electrónico de Europa que informó sobre la demanda de libros en papel y libros electrónicos. Este correo electrónico es sólo para Europa. Sin embargo, es natural que los lectores de cualquier región prefieran los libros en papel si leen mucho.

PRINT가 성공의 열쇠인 이유는 다음과 같습니다.

인쇄된 책은 2021년에 미국 판매량만 거의 6,800만 권이 증가하는 등 인기가 크게 증가하고 있습니다(Forbes에 따르면). 2021년 퓨 여론조사는 평균적으로 성인들이 한 해 동안 5권의 인쇄된 책을 읽는다는 것을 밝혔다.

전자책도 성장세를 보였지만(2020년 대비 2021년 5% 증가), 인쇄물의 증가는 독자에게 두 가지 옵션을 모두 제공하는 저자가 더 많은 수익을 창출할 수 있음을 의미합니다.

다음은 미국인의 독서 습관을 조사한 2022년 퓨 리서치(Pew Research) 보고서에서 몇 가지 더 시사한 사항입니다.

- 전년도에 한 권 이상의 책을 읽은 응답자의 75% 중 13.8%는 디지털 책(전자책 및 오디오)만 읽는다고 답했습니다.
- 3배(49%)의 3배에 달하는 사람들이 인쇄된 책만 읽는다. 37.2%는 인쇄물과 디지털을 모두 읽었습니다.
- 디지털 전용 출판사는 책에 대한 잠재 독자층의 86%를 놓칠 수 있습니다.

Estructura de beneficios contables

Como se mencionó anteriormente, si escribe brunch, puede recibir ganancias adicionales (1-3%). Además, son muy pocos los casos en los que una rebaja de precios reduce mis beneficios al máximo. Si no se reduce el precio al consumidor, las regalías en las librerías externas pueden ascender a 1.380 wones por libro. Sin embargo, lo siguiente es sólo un ejemplo. Cuanto mayor sea el precio de lista, mayores serán mis ganancias.

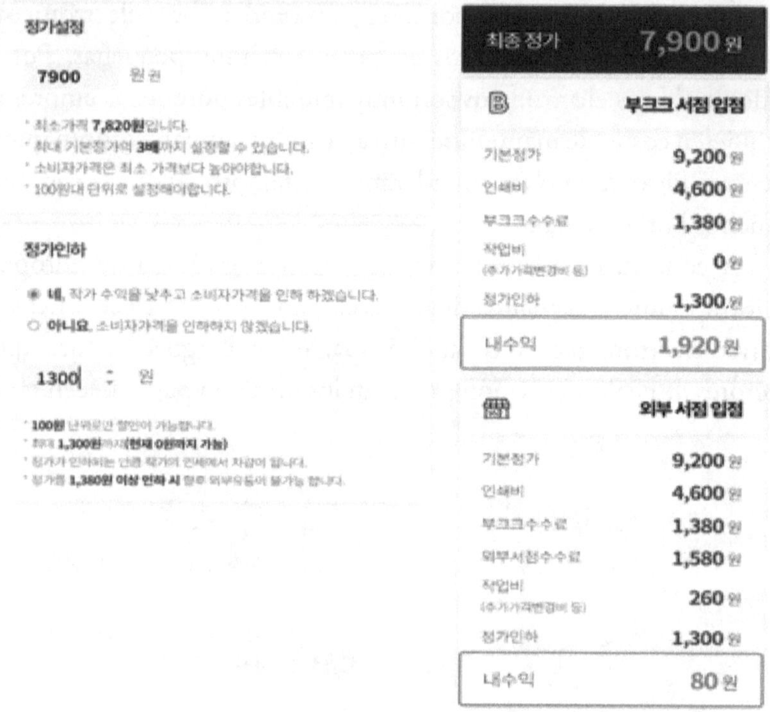

정가설정

7900 원 권

* 최소가격 **7,820원**입니다.
* 최대 기본정가의 **3배**까지 설정할 수 있습니다.
* 소비자가격은 최소 가격보다 높아야합니다.
* 100원대 단위로 설정해야합니다.

정가인하

● **네**, 작가 수익을 낮추고 소비자가격을 인하 하겠습니다.

○ **아니요**, 소비자가격을 인하하지 않겠습니다.

1300 원

* **100원** 단위로만 할인이 가능합니다.
* 최대 **1,300원**까지 **(현재 0원까지 가능)**
* 정가 인하액은 인쇄 작가의 인세에서 차감이 됩니다.
* 정가를 **1,380원 이상 인하 시** 향후 외부유통이 불가능 합니다.

최종 정가	7,900 원

B	부크크 서점 입점
기본정가	9,200 원
인쇄비	4,600 원
부크크수수료	1,380 원
작업비 (추가가격변경비 등)	0 원
정가인하	1,300 원
내수익	1,920 원

	외부 서점 입점
기본정가	9,200 원
인쇄비	4,600 원
부크크수수료	1,380 원
외부서점수수료	1,580 원
작업비 (추가가격변경비 등)	260 원
정가인하	1,300 원
내수익	80 원

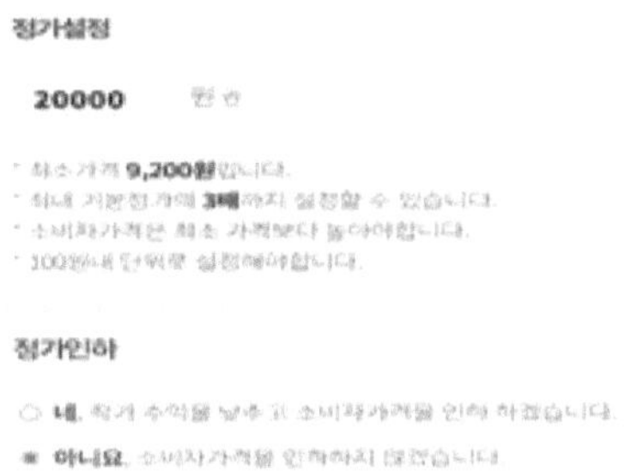

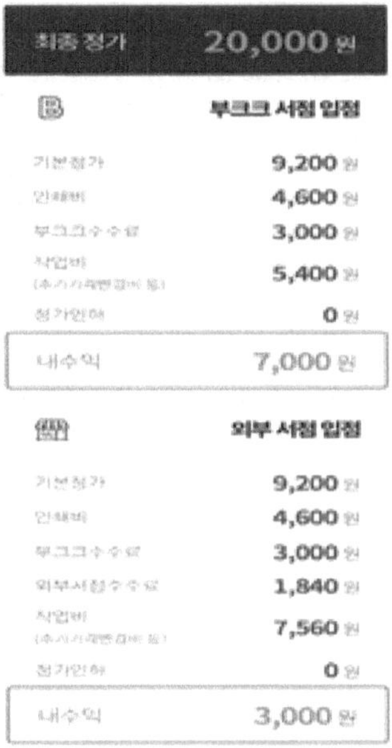

El precio de lista aumenta de 7.900 wones a 20.000 wones y, si no se reduce el precio al consumidor, las regalías aumentan de 80 wones a 3.000 wones. Tenga en cuenta que cuantas más páginas haya, más páginas deberán imprimirse, por lo que el precio mínimo de un libro en papel aumenta. Por lo tanto, el libro recientemente publicado '¿Es usted un funcionario público?' tiene 271 páginas y el precio normal es de 21.000 wones, que nunca compraría a menos que fuera un éxito de ventas, así que lo vendo por 16.900 wones, manteniendo mis ganancias lo más bajas posible. como sea posible. Con esa configuración, las ganancias de los libros en papel caen en 660 wones por libro. El precio incluye incluso las ganancias del autor de Brunch Story (entre el 1% y el 3% de regalías adicionales). Para calcular los márgenes, demasiadas páginas también parecen ser una desventaja en POD.

U-Paper tiene diferentes tasas de rendimiento según la plataforma de distribución externa. Si se trata de un e-pub, se puede distribuir en cuatro lugares adicionales a los de un folleto en PDF. Naver Books, que no distribuyó libros en formato PDF, puede considerarse una buena opción.

도서명 : 당신은 공무원입니까

제휴사 구분	수익 배분
유페이퍼	70% 지급
예스24	B2C 60% 지급, B2B 40%지급, B2BC 40%지급
알라딘	B2C 60% 지급, B2B 40%지급, B2BC 40%지급
교보문고	B2C 60% 지급, SAM 50%지급, B2B B2BC 40%지급(대여는 정가1/25의 40%)
웅진메키아	B2C 60% 지급, B2B 40%,B2BC 40%지급
리디북스	B2C 60% 지급
리딩락	B2C 60% 지급, B2B 50%
원스토어	B2C 60% 지급
네이버북	B2C 60% 지급
북큐브	B2C 60% 지급, B2B B2BC 40%지급(대여는 정가1/25의 40%)
오디오북제작납품	납품케이스별틀림
밀리의서재	구독당 1/25의 B2C 70%지급, B2BC 40% 지급
웹소설연재제공	순매출액의 50% 지급 (장르소설만 가능)
부커스	대여당 1/25의 40%지급
윌라	구독당 1/25의 B2C 70%지급, B2BC 40% 지급
갓피플	기독교 No DRM 콘텐츠만 가능, 60%지급
노팅	교육용 PDF 콘텐츠만 가능(필기노트.App), 60% 지급

plataforma en el extranjero:En la mayoría de los casos, se fija en el 70% del importe de las ventas (a veces el 80% - Lulu) Sin embargo, se ve afectado por los impuestos (10-30%), las retenciones en origen y los tipos de cambio. Además, el precio de distribución externa en la plataforma registrada se establece automáticamente, o puedes establecerlo por separado, para que puedas conocerlo naturalmente durante el proceso de creación del libro. En Alemania se añade un tipo impositivo del 7% y, como vimos en el capítulo 3, varía según el país.

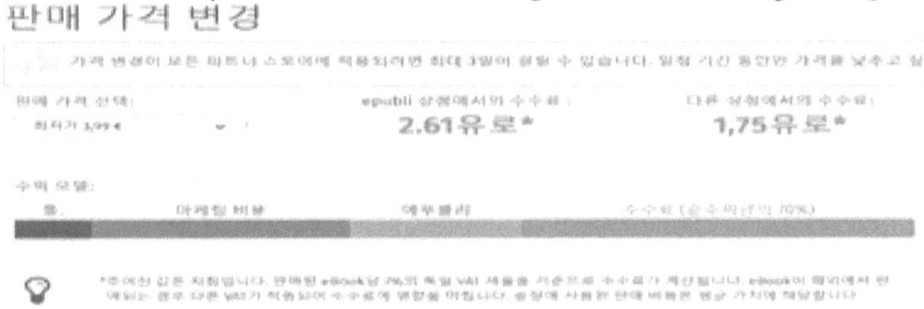

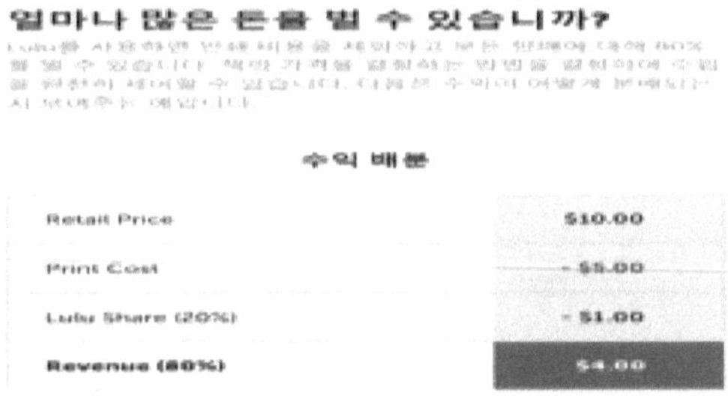

판매 가격 변경

얼마나 많은 돈을 벌 수 있습니까?

수익 배분

Retail Price	$10.00
Print Cost	- $5.00
Lulu Share (20%)	- $1.00
Revenue (80%)	$4.00

Marketplace	List Price		Printing	Rate	Royalty	Rate	Royalty
Amazon.com	$ 14.99 USD Min. $9.07, Max. $250.00 All marketplaces are based on this price		$3.63	60%	$5.37	☑ 40%	$2.37
	The following list prices were converted based on the previous price you entered						
Amazon.co.uk	£ 11.86 GBP Min. £7.60, Max. £250.00 Based on Amazon.com		£3.04	60%	£4.08	☑ 40%	£1.70
Amazon.de	€ 13.85 EUR Min. €5.63, Max. €250.00 Based on Amazon.com	€14.80 incl. DE VAT	€3.38	60%	€4.92	Not offered in this marketplace	
Amazon.fr	€ 13.85 EUR Min. €5.63, Max. €250.00 Based on Amazon.com	€14.59 incl. FR VAT	€3.38	60%	€4.92	Not offered in this marketplace	
Amazon.es	€ 13.85 EUR Min. €5.63, Max. €250.00 Based on Amazon.com	€14.38 incl. ES VAT	€3.38	60%	€4.92	Not offered in this marketplace	
Amazon.it	€ 13.85 EUR Min. €5.63, Max. €250.00 Based on Amazon.com	€14.38 incl. IT VAT	€3.38	60%	€4.92	Not offered in this marketplace	
Amazon.nl	€ 13.85 EUR Min. €5.63, Max. €250.00 Based on Amazon.com	€15.07 incl. NL VAT	€3.38	60%	€4.92	Not offered in this marketplace	
Amazon.pl	zł 59.21 PLN Min. zł26.29, Max. zł1200.00 Based on Amazon.com	zł62.17 incl. PL VAT	zł15.77	60%	zł19.75	Not offered in this marketplace	
Amazon.se	kr 159.50 SEK Min. kr62.86, Max. kr2500.00 Based on Amazon.com	kr169.07 incl. SE VAT	kr37.72	60%	kr57.98	Not offered in this marketplace	
Amazon.co.jp	¥ 2273 JPY Min. ¥1073, Max. ¥30000 Based on Amazon.com	¥2500 incl. JP VAT	¥644	60%	¥720	Not offered in this marketplace	
Amazon.ca	$ 20.37 CAD Min. $7.94, Max. $350.00 Based on Amazon.com		$4.76	60%	$7.46	Not offered in this marketplace	
Amazon.com.au	$ 22.78 AUD Min. $12.06, Max. $350.00 Based on Amazon.com	$25.06 incl. AU GST	$7.24	60%	$6.43	Not offered in this marketplace	

Si configura solo Amazon (EE. UU.) arriba, las monedas de otros países se establecerán automáticamente de acuerdo con el precio de venta. Puedes modificarlo tú mismo y venderlo. En el caso de Amazon, los libros electrónicos obtienen un beneficio del 70% de las ventas, y los libros en papel obtienen un beneficio del 60%.

Capítulo 6. perspectivas de futuro

El futuro del POD con innovación tecnológica

POD en el mercado coreano tiene actualmente una participación de mercado relativamente baja en el mercado global. Esto se explica principalmente por dos razones.

En primer lugar, la industria editorial de Corea se basa en métodos de publicación tradicionales. La impresión y distribución masiva de libros sigue siendo el método principal y muchos editores dudan en abordar nuevas tecnologías como POD. Debido a esto, la tasa de crecimiento del mercado POD tiende a ser más lenta que la de otros países como Estados Unidos o Europa.

En segundo lugar, los lectores coreanos todavía tienen una demanda relativamente baja de libros personalizados a través de libros electrónicos o POD en comparación con otros países. También hay una falta de conciencia y comprensión del POD.

Sin embargo, es difícil concluir que esta situación continuará en el futuro. El mercado POD de Corea está creciendo gradualmente y creo que esto puede conducir a nuevos modelos de negocio. El interés por la lectura digital y los libros personalizados está aumentando entre los lectores jóvenes, e incluso autores desconocidos desean crear sus propios libros a través de POD. Por lo tanto, si experimenta el negocio POD y de comercio electrónico primero en el mercado global, puede lograr un gran efecto al tomar la iniciativa en la industria que se establecerá en Corea en el futuro. Con el advenimiento de la era digital, la industria editorial de Corea está avanzando rápidamente hacia el desarrollo de un nuevo modelo. Además, se espera que los canales a través de los cuales podemos comunicarnos directamente con los lectores y venderles se expandan a través del negocio del comercio electrónico. Este modelo de negocio ampliará el ecosistema de la industria editorial, permitirá que nuevos participantes ingresen al mercado editorial existente y produzcan y distribuyan diversas formas de contenido. No sólo brindará más opciones a lectores con gustos diversos, sino que también se espera que contribuya al crecimiento de la industria editorial en su conjunto. Sobre todo, dado que es un método que aún no es muy conocido en Corea, creo que está bien considerarlo como modelo de negocio incluso si no eres escritor. Ya hay demasiados casos exitosos en el extranjero. Como el mercado aún no es grande en Corea, si se toman medidas y promociones para utilizar activamente POD, esto tendrá un impacto positivo no sólo en los ilustradores, distribuidores, editores e impresores que establecen relaciones de colaboración con los empresarios, sino también en los compradores y productores Tú puedes. Incluso la japonesa X Co., Ltd. opera una metalibrería que utiliza realidad virtual (VR). Se dice que incluso un espacio pequeño da la sensación de entrar en una librería y comprar libros. Creo que es posible desarrollarse siguiendo este POD.

finalmente

A través de este libro, aprendió cómo distribuir libros electrónicos en el extranjero. Ahora es el momento de obtener beneficios prácticos y no sólo conocimientos teóricos. Distribuir libros electrónicos a nivel internacional tiene muchas ventajas. Los mercados extranjeros son mucho más amplios y diversos que el limitado mercado interno. Los lectores internacionales hablan diferentes idiomas y culturas y están interesados en una variedad de temas y géneros. Por lo tanto, al distribuir libros electrónicos en el extranjero, puede conseguir nuevos lectores a los que no podría llegar en el mercado nacional.

Y podemos conseguir moneda extranjera. Las monedas extranjeras pueden verse afectadas por las fluctuaciones del tipo de cambio, pero si se utilizan en paralelo con el mercado interno, se pueden maximizar las ganancias. Además, distribuir libros electrónicos en el extranjero puede ser una oportunidad para promover la literatura y la cultura coreanas en el mundo. Al presentar diversas obras literarias y contenidos culturales coreanos a lectores extranjeros, podemos informar y promover los valores literarios y el patrimonio cultural de Corea en el mundo. Por último, al distribuir libros electrónicos en el extranjero, puede lograr crecimiento y desarrollo al comprender continuamente las necesidades de los lectores en el extranjero a través de diversas actividades de investigación de mercado y marketing. De esta manera, la distribución de libros electrónicos en el extranjero ofrece muchas posibilidades y oportunidades para los autores. Ahora espero que aproveche estas ventajas y dé el primer paso hacia una entrada exitosa en los mercados extranjeros. Las posibilidades son infinitas y el éxito depende de su arduo trabajo y determinación. gracias